FUNDAMENTOS DE
ESTRATEGIA

¿POR QUÉ NO APRENDEMOS DE LA
HISTORIA?

Sir Basil Liddell Hart

FUNDAMENTOS DE ESTRATEGIA

¿POR QUÉ NO APRENDEMOS DE LA HISTORIA?

Prólogo de
Pedro Nueno

ARZALIA
ediciones

Fundamentos de estrategia
¿Por qué no aprendemos de la historia?

Strategy: The Indirect Approach Chapter 4
© The Executors of Lady Liddell Hart, deceased, 1954, 1967.

Why Don´t We Learn from History?
© The Executors of Lady Liddell Hart, deceased, 1944.

© Del prólogo: Pedro Nueno
© De la traducción de *Strategy: The Indirect Approach Chapter 4*:
Roberto Romero.
© De la traducción de *Why Don´t We Learn from History?*:
Fernando Calvo González-Regueral.
© 2023, Arzalia Ediciones, S. L.
Calle Zurbano, 85, 3.º-1. 28003 Madrid

Diseño de cubierta, interior y maquetación: Luis Brea

ISBN: 978-84-19018-28-1
Depósito Legal: 15949-2023

Impreso en Artes Gráficas Cofás, S. A.

Impreso en España — *Printed in Spain*

www.arzalia.com

Índice

Nota del editor

En 1938, mientras el mundo contenía el aliento ante la anexión de Austria por parte de la Alemania nazi, Liddell Hart dictó una conferencia en la Universidad de Londres titulada «We learn from history that we don´t learn from history» ('Aprendemos de la historia que no aprendemos de la historia'). Tras ser publicada como un opúsculo, eminentes personalidades le urgieron a desarrollar en extenso las notas de la ponencia en forma de libro. Este no vería la luz hasta 1944 con el título *Why Don't We Learn From History* (*¿Por qué no aprendemos de la historia?*) Cuando le llegó la muerte en 1970, el maestro estaba trabajando en una edición revisada y ampliada, que publicó ya a título póstumo su hijo Adrian.

Sabemos precisamente por éste, por la correspondencia privada del propio Liddell Hart y por ciertas anotaciones de sus memorias que el autor acariciaba la idea de refundir en un único libro el capítulo 4 de *Estrategia* («Fundamentos de estrategia») y el texto definitivo de *¿Por qué no aprendemos de la historia?* El lector atento notará, por tanto, ciertas redundancias menores o repeticiones, que en ningún caso son significativas o estorban la lectura, antes al contrario, sirven para remarcar ciertas ideas fuerza.

En cualquier caso, a más de cincuenta años del fallecimiento del tratadista británico, Arzalia Ediciones se complace en hacer realidad su sueño al juntar por vez primera ambas obras en un solo tomo.

Prólogo

Los fundamentos de la estrategia fijados por Liddell Hart para el ámbito militar en estas dos obras tienen una clara lectura empresarial. No en vano, quizá gracias a grandes pensadores como él, esta palabra, «estrategia», ha ido asentándose con firmeza en ámbitos económicos. Así, se habla de estrategias competitivas, de estrategia de dirección, de estrategias de mercado o, genéricamente, de la estrategia en el mundo de los negocios. No es extraño. Aunque por medios pacíficos, pero a menudo francamente agresivos, la lucha por la supervivencia y el crecimiento de las empresas tiene muchos parecidos con los medios y fines perseguidos por los generales en el campo de batalla.

«No debemos perder nuca de vista el objetivo», «hemos de seguir la aproximación menos esperada», «no podemos comprometer todos nuestros recursos en una sola acción» son máximas que cualquier presidente de una compañía comercial firmaría sin dudarlo… y, sin dudarlo, son principios que pondría en práctica para conseguir una mayor cuota de mercado, abrirse camino en uno nuevo o sorprender con nuevos productos, procesos o avances logísticos, tan importantes. Pero son exactamente los principios que, deducidos del estudio de la historia militar, Liddell Hart fijó en estos dos textos complementarios.

Acaso más importantes sean sus reflexiones sobre cómo emplear la fuerza, fácilmente trasladables al ámbito de las negociaciones con proveedores, clientes e incluso otras firmas competidoras. El autor nunca olvida que al «enemigo», o al adversario en el mercado, siempre debe dejársele una salida digna, que no conviene obcecarse con conseguir resultados aplastantes, que siempre será mejor una paz negociada, una situación de equilibrio y coexistencia, que cualquier situación de victoria total... o monopolística. La realidad expresada en la fórmula inglesa de *win-win* para referirse al estado en el que todos los participantes ganan, ya no solo se vislumbra como una aspiración ideal sino que, en pleno siglo XXI, se alza como una auténtica necesidad.

Todas estas reflexiones y muchas otras, aplicables a la guerra, a la economía e incluso a la propia vida, contienen las claves de la filosofía de un autor empapado de historia bélica pero que, sin embargo, nunca perdió de vista un objetivo supremo: lograr una paz mejor para el mundo. Y, por tanto, también para el mundo de los negocios.

PEDRO NUENO
Mayo de 2023

FUNDAMENTOS DE
ESTRATEGIA

Teoría de la estrategia

Será provechoso utilizar nuestras conclusiones basadas en un análisis de la historia como fundamento sobre el que construir un nuevo edificio para el pensamiento estratégico.

En primer lugar, establezcamos con claridad qué es estrategia. En su monumental obra *De la guerra*, Clausewitz la definió como «el arte de emplear las batallas como medio para conquistar el objeto de la guerra. Dicho con otras palabras, la estrategia es el plan de guerra, que cartografía el curso propuesto para las diferentes campañas que componen el conflicto y regula qué batallas se librarán en cada campaña».

Esta definición tiene varios defectos. Uno de ellos es que se inmiscuye en la esfera de la política o el plano superior de la guerra, que debe ser necesariamente responsabilidad del Gobierno y no de los líderes militares a quienes emplea como agentes para el control ejecutivo de las operaciones. Otro defecto es que restringe el significado de «estrategia» a la mera utilización de las batallas, con lo cual transmite la idea de que la batalla es el único medio para alcanzar el fin estratégico. Para los discípulos de Clausewitz no demasiado profundos, era muy fácil confundir los medios con el fin y llegar así a la conclusión de que, en la guerra, todas las demás consideraciones deberían subordinarse al objetivo de combatir una batalla decisiva.

La relación con la política

Analizar la distinción entre estrategia y política no sería un asunto tan importante si estas dos funciones normalmente las combinara una misma persona, como sucedió con Federico el Grande o Napoleón. Pero lo cierto es que los gobernantes-soldado autocráticos han sido muy escasos en la época moderna y parecieron extinguirse en el siglo XIX, con un efecto insidiosamente pernicioso. Y fue dañino porque alentó a los militares a sostener la disparatada demanda de que la política actúe al servicio de la conducción de las operaciones y, especialmente en los países democráticos, llevó a algunos estadistas a excederse en los límites bien definidos de su esfera de acción e interferir en el uso real de las herramientas por parte de los militares.

Moltke acuñó una definición más clara y sabia, según la cual la estrategia es «la adaptación práctica de los medios a disposición de un general para alcanzar el objetivo a la vista».

Esta definición determina la responsabilidad que un comandante tiene para con el Gobierno que lo ha elegido para ocupar su cargo. Su responsabilidad consiste en aplicar las fuerzas que le sean asignadas dentro del teatro de operaciones que se le haya adjudicado de la manera más beneficiosa posible para los intereses de la política de guerra. Si considera que las fuerzas puestas bajo su mando no son adecuadas para la tarea encargada, estará justificado que lo señale, y si su opinión es ignorada, puede rehusar o declinar ejercer el mando. Pero si intenta dictar al Gobierno qué fuerzas se deben poner a su disposición, excederá el ámbito que le compete.

Por otro lado, tenemos al Gobierno, que es quien formula la política de guerra y debe adaptarla a las condiciones, las cuales suelen variar a medida que el conflicto bélico avanza. El Gobierno tiene derecho a intervenir en la estrategia de una campaña, no solo sustituyendo a un comandante en cuya capacidad ya no confíe, sino modificando el objetivo que debe perseguir el comandante, de acuerdo con las necesidades de la política de guerra. Aunque no debería interferir en el modo en que el comandante utiliza las herramientas, sí debería indicar con claridad cuál es la naturaleza de la misión. Por tanto, la estrategia no se limita simplemente a intentar derrotar el poder militar del enemigo. Cuando un Gobierno entiende que el enemigo posee la superioridad militar, sea en términos generales o en un teatro de operaciones particular, puede actuar con inteligencia y ordenar una estrategia con objetivos limitados.

Quizás le interese esperar hasta que el equilibrio de fuerzas se altere por la intervención de sus aliados o por el envío de fuerzas procedente de otro teatro de operaciones. Tal vez prefiera limitar su esfuerzo militar de manera permanente o simplemente esperar mientras otra acción en el ámbito naval o económico resuelve la situación.

Puede calcular o suponer que acabar con el poderío bélico del enemigo es una tarea que supera sus propias capacidades o que no merece la pena… y que el objetivo que persigue con la política de guerra es viable ocupando un territorio que posteriormente pueda retener o utilizar como baza cuando se negocie un tratado de paz.

Esta clase de políticas encuentran en la historia un respaldo mucho mayor del que ha admitido hasta el momento la opinión de los militares. Además, no es intrínsecamente una política de debilidad, como insinúan algunos apologistas bélicos. Desde luego, se trata de una política ligada desde siempre a la historia del Imperio británico, que ha servido en repetidas ocasiones como salvavidas para los aliados de Gran Bretaña y también ha evidenciado su valía en beneficio de esta nación. Aunque no se aplicase de forma consciente, existen motivos para preguntarnos si esa política militar «conservadora» no merece que le otorguemos un lugar en la teoría de la conducción de la guerra.

El motivo más habitual para adoptar una estrategia de objetivos limitados suele ser esperar que se produzca un cambio en el equilibrio de fuerzas. Un cambio que a menudo se busca y se consigue drenando las fuerzas del enemigo, debilitándolo con pequeñas punzadas en lugar de golpes arriesgados. El requisito imprescindible para implantar una estrategia así es que el agotamiento resulte desproporcionadamente mayor para el enemigo que para nuestro propio bando. El objetivo de la acción se puede perseguir de distintas formas: saqueando sus suministros, con ataques locales que aniquilen o inflijan bajas desproporcionadas en parte de sus fuerzas, atrayéndolo para que se embarque en ataques nada ventajosos, provocando una excesiva distribución de sus fuerzas o, por último, pero no menos importante, minando su moral y desgastando sus energías físicas.

Esta definición más cerrada arroja luz sobre una cuestión que hemos mencionado anteriormente: la independencia de un general para ejecutar su propia estrategia dentro del teatro de operaciones que se le ha adjudicado. Y es que, si el Gobierno ha decidido perseguir un objetivo limitado o una gran estrategia fabiana, aquel general que, incluso dentro de los confines de su esfera estratégica, intente vencer el poder militar del enemigo puede causar más mal que bien a la política de guerra del Gobierno. Habitualmente, las políticas de guerra con fines limitados imponen una estrategia de objetivos limitados y únicamente se debería adoptar la perspectiva de un objetivo decisivo si se cuenta con la autorización del Gobierno, el único organismo capaz de decidir si merece la pena o no.

Ahora podemos manejar una definición más breve de estrategia, que sería «el arte de distribuir y aplicar los medios militares para cumplir los fines de la política». Y es que la estrategia no solo se atiene al movimiento de fuerzas, como tan a menudo se ha descrito su función, sino que también abarca sus efectos. Cuando la aplicación del instrumento militar coincide con los combates en sí, los preparativos y el control de esa acción directa se denominan «táctica». En cualquier caso, aunque resultan prácticas como conceptos para la discusión, estas dos categorías no se pueden dividir en compartimentos estancos, pues no solo se influyen entre sí, sino que llegan a fundirse.

Gran o superior estrategia

Al igual que la táctica es la aplicación de la estrategia sobre un plano inferior, la propia estrategia es la aplicación sobre un plano inferior de la «gran estrategia». Aunque prácticamente se trata de un sinónimo de la política que dirige la conducción de la guerra (diferenciada de la política más fundamental que debería regir su objeto), la expresión «gran estrategia» sirve para definir el sentido de la «ejecución de la política». El rol de la gran estrategia consiste en coordinar y dirigir todos los recursos de una nación o alianza de naciones, encaminándolos a alcanzar el objetivo político de la guerra. Dicho objetivo debe definirlo la política fundamental.

La gran estrategia debería tanto calcular como desarrollar los recursos económicos y humanos de las naciones para sostener a las fuerzas armadas. También los recursos morales, ya que a menudo fomentar el espíritu y la voluntad de la población es igual de importante que poseer formas de poder más concretas. Además, la gran estrategia debe regular la distribución de la fuerza entre los distintos cuerpos y estamentos, así como entre el ámbito militar y el industrial. Es más: la capacidad bélica es solo uno de los instrumentos que maneja la gran estrategia, que debería tomar en consideración y aplicar las capacidades de presión financiera, diplomática y comercial, sin olvidar la presión ética, siempre pensando en debilitar la voluntad del oponente. Una buena causa no solo es un arma, sino también un escudo. Del mismo modo, la caballerosidad en tiempos de conflicto puede ser el arma más eficaz para ablandar la voluntad de resistencia del adversario, además de para subir la moral de nuestro bando.

Asimismo, mientras que el horizonte de la estrategia está limitado por la guerra, la gran estrategia mira más allá de la contienda y debe contemplar la paz posterior. No solo debería combinar los distintos instrumentos a su disposición, sino también ajustar su utilización para evitar causar perjuicios para el panorama futuro de la paz, en aras de su seguridad y prosperidad. El lamentable rostro de la paz (para ambos bandos) que ha seguido a la mayoría de las guerras se puede rastrear en el hecho de que, a diferencia de la estrategia, el reino de la gran estrategia es, en su mayor parte, *terra incognita* pendiente de exploración y comprensión.

Estrategia pura o militar

Una vez aclarado el terreno que pisamos, podemos elaborar nuestro concepto de la estrategia en su plano genuino y sobre sus bases originales: «el arte de los generales».

Para triunfar, la estrategia depende, en primer lugar y sobre todo, de que *los cálculos y la coordinación entre fines y medios* sean sensatos. El fin que persigamos debe ser proporcionado respecto a los medios totales y, a su vez, los medios utilizados para alcanzar cada etapa intermedia que contribuya a conquistar el objetivo último deben ser proporcionados respecto al valor y las necesidades de esa etapa. Da igual si se trata de alcanzar un objetivo concreto o satisfacer un propósito que contribuya al fin. Cualquier exceso puede ser tan dañino como una deficiencia.

Un ajuste verdadero establecería una *economía de fuerzas* perfecta, en el sentido más profundo de este término militar, que tan a menudo se distorsiona. Pero dada la naturaleza y la incertidumbre de los conflictos bélicos (una incertidumbre que se agrava por la carencia de estudios científicos), resulta imposible alcanzar ese nivel de ajuste incluso contando con la máxima habilidad o capacidad militar. Consideramos un éxito la aproximación más cercana a la verdad.

Esta es una relatividad inherente, ya que no importa hasta dónde profundicemos en el conocimiento de la ciencia de la guerra, pues la aplicación de cualquier teoría al respecto dependerá del dominio de este arte. El arte no solo ayuda a adecuar el fin a los medios, sino que al otorgar a estos últimos un mayor valor, permite ampliar los posibles medios para conseguir el fin.

Todo esto complica el cálculo porque nadie es capaz de determinar con exactitud ni la capacidad humana para las genialidades o la estupidez, ni tampoco la incapacidad de la voluntad.

Elementos y condiciones

Sin embargo, dentro del campo de la estrategia, los cálculos son más sencillos; es posible efectuar una aproximación más cercana a la verdad que en el ámbito de la táctica. En un conflicto bélico, el principal factor imposible de calcular es la voluntad humana, que se manifiesta en la resistencia, la cual a su vez reside dentro de los límites del ámbito de la táctica. *Su propósito es disminuir la posibilidad de resistencia* y busca cumplir tal finalidad explotando dos elementos: el *movimiento* y la *sorpresa*.

El movimiento pertenece a la esfera física y depende de un cálculo de las condiciones de tiempos, topografía y capacidad de transporte. Cuando hablo de esto último me refiero tanto a los medios de transporte como a las magnitudes de fuerzas que permiten mover y mantener una fuerza.

La sorpresa pertenece a la esfera psicológica y depende de otro cálculo, mucho más complejo que los que se realizan en la esfera física. Se trata de sopesar las múltiples condiciones que probablemente afectarán a la voluntad del oponente, las cuales varían de un caso a otro.

Aunque la estrategia puede dar prioridad a explotar las posibilidades de movimiento en detrimento de aprovechar el factor sorpresa (o viceversa), estos dos elementos interactúan y reaccionan entre sí. El movimiento genera sorpresa y la sorpresa aporta ímpetu, o sea, movimiento. Cuando un movimiento se acelera o cambia su dirección, de forma inevitable acarrea cierto grado de sorpresa, aunque no esté oculto. Por otra parte, la sorpresa allana la vía por la que discurre cualquier movimiento, ya que dificulta la labor de oposición del enemigo, que debe aplicar contramedidas y moverse a su vez para contrarrestar nuestras acciones.

En lo que respecta a la relación entre estrategia y táctica, aunque al ejecutarlo a menudo observamos que la frontera entre uno y otro ámbito es borrosa y resulta difícil decidir dónde concluye un movimiento estratégico y dónde comienza un movimiento táctico, sí es cierto que las dos son distintas en su concepción. El ámbito de la táctica es el combate en sí. La estrategia no solo se detiene al llegar a una frontera, sino que tiene por finalidad reducir el combate a las mínimas proporciones imprescindibles.

La finalidad de la estrategia

Lo que se afirma en este apartado puede chocar con la opinión de quienes conciben que el único objetivo sensato en una guerra es la destrucción de las fuerzas armadas del enemigo, quienes sostienen que la única finalidad de la estrategia es entablar batallas y están obsesionados con la máxima de Clausewitz que postula que «la sangre es el precio de la victoria». Ahora bien, si aceptásemos tales propuestas y nos enfrentásemos a quienes las defienden sobre su propio terreno, la tesis que planteo se mantendría inalterable. Y es que, aunque el objetivo sea pelear una batalla decisiva, la finalidad de la estrategia debe consistir en disputar esa batalla bajo las circunstancias más favorables que sean posibles. Y cuanto más ventajosas sean esas circunstancias, menos combate habrá, en una relación directamente proporcional.

Por lo tanto, una estrategia perfecta sería aquella que consiguiese resolver el conflicto sin necesidad de combates serios. Como ya hemos visto, la historia nos brinda ejemplos donde la estrategia, con la ayuda de condiciones favorables, ha estado muy cerca de arrojar un resultado así. Entre esos ejemplos figuran la campaña de César en Ilerda, la campaña de Preston dirigida por Cromwell, la campaña de Napoleón en Ulm, el cerco del Ejército de MacMahon en Sedán en 1870 a manos de Moltke o el cerco de los regimientos turcos en las colinas de Samaria que Allenby protagonizó en 1918. El ejemplo reciente más llamativo y catastrófico fue la forma en que los alemanes aislaron y atraparon al ala izquierda de los Aliados en Bélgica, en 1940, tras la sorpresiva ruptura por parte de Guderian del sector central del frente en Sedán. Esta acción provocaría el derrumbe general de los ejércitos de los Aliados en Europa continental.

A pesar de que todos son casos en que la destrucción de las fuerzas armadas adversarias se consiguió con economía de medios, mediante su rendición y desarme, existe la posibilidad de que esa «destrucción» no sea esencial para alcanzar una resolución y satisfacer la finalidad de la guerra. Pensemos en el caso de un Estado que no persiga fines de conquista, sino que aspire a mantener su propia seguridad. Entonces, satisfará la finalidad que busca si elimina la amenaza, es decir, si obliga al enemigo a abandonar su propósito.

La derrota que experimentó Belisario en Sura al dar rienda suelta al deseo de sus tropas, ansiosas de apuntarse una «victoria decisiva» (cuando los persas ya habían abandonado su intento de invasión de Siria) fue un claro ejemplo de esfuerzo y riesgo innecesarios. En cambio, el modo en que, más tarde, venció su invasión, más peligrosa, expulsándolos de Siria es quizá el ejemplo registrado más sorprendente de lograr una resolución —en el sentido real de alcanzar el objetivo nacional— mediante la pura estrategia.

En aquella ocasión, la acción psicológica fue tan eficaz que el enemigo depuso su actitud sin que fuese necesaria ninguna acción bélica.

Si bien los triunfos sin derramamiento de sangre, como estos, han sido excepcionales, su singularidad no les resta valor, sino que se lo agrega, así que son indicativos de las posibilidades latentes que albergan la estrategia y la gran estrategia. A pesar de tantos siglos de experiencia bélica, apenas hemos empezado a explorar el campo de la guerra psicológica.

A partir de un estudio profundo de la guerra, Clausewitz llegó a esta conclusión: «Toda acción militar está impregnada por fuerzas inteligentes y por sus efectos». Con todo, las naciones involucradas en conflictos bélicos siempre se han esforzado por (o se han visto impulsadas por sus pasiones a) hacer caso omiso de las implicaciones que conlleva esta conclusión. En lugar de aplicar la inteligencia, han preferido darse cabezazos contra la pared más cercana.

Generalmente, la labor de decidir si una estrategia debe o no perseguir una resolución militar para el conflicto recae sobre los hombros del Gobierno, responsable también de la gran estrategia en la guerra. Los militares no son más que uno de los medios para avanzar en pos del fin que marque la gran estrategia (o sea, uno más de los instrumentos que el cirujano lleva en su maletín) y, del mismo modo, las batallas no son sino uno más de los medios disponibles para intentar conseguir el objetivo que marque la estrategia. Si las condiciones son adecuadas, suele ser el medio con los efectos más rápidos, pero si las condiciones son desfavorables, es una insensatez utilizarlo.

Supongamos ahora que a un estratega se le ha confiado buscar una resolución por medios militares. Su responsabilidad es averiguar cómo alcanzar dicha resolución bajo las circunstancias más ventajosas, ya que así obtendrá el resultado más beneficioso. Por tanto, *su auténtico objetivo no es combatir sin más, sino llegar a una situación estratégica tan favorable que, si no provoca por sí misma la resolución del conflicto, ofrezca todas las garantías de lograr esa misma resolución en caso de continuar el conflicto con una batalla.* Dicho de otra manera, la finalidad de la estrategia es desarticular al enemigo. Sus secuelas pueden ser la dislocación de este o una mayor facilidad para desintegrarlo en la conflagración que se produzca después. La dislocación puede implicar combates parciales o acciones violentas de cierta relevancia, pero desprovistos del carácter de una batalla.

La acción de la estrategia

¿Cómo se produce la dislocación estratégica? En la esfera física o «logística», es el resultado de un movimiento que (*a*) trastoca las disposiciones del enemigo y, al forzar un «cambio del frente» repentino, disloca la distribución y la organización de sus fuerzas; (*b*) divide sus fuerzas; (*c*) pone en riesgo sus suministros; (*d*) amenaza las rutas que podría seguir para retirarse en caso de necesidad para refugiarse o restablecerse en su base o en su patria.

Cualquiera de estos efectos puede provocar una disrupción, pero lo más frecuente es que sea consecuencia de varios a la vez. Es difícil trazar las diferencias exactas, dado que un movimiento dirigido hacia la retaguardia del adversario suele combinar todos estos efectos. Sin embargo, la influencia respectiva de cada uno sí varía y ha variado a lo largo de toda la historia, de acuerdo con el tamaño de los ejércitos y la complejidad de su organización. En el caso de los ejércitos que «viven sobre el terreno» y obtienen suministros localmente saqueando o mediante la incautación, la línea de comunicación tiene una importancia despreciable. Incluso en una fase superior del desarrollo de la ciencia y técnica militares, cuanto menor sea una fuerza, menos dependerá de la línea de comunicación de suministros. Cuanto mayor sea un ejército y más compleja su organización, más rápido y grave será el efecto de una amenaza contra su línea de comunicación.

Allí donde los ejércitos no han sido tan dependientes, esta estrategia se ha visto perjudicada consecuentemente y ha cobrado más relevancia el aspecto táctico de las batallas. Aun así, incluso ante circunstancias desfavorables como estas, los estrategas hábiles a menudo han conseguido ventajas decisivas antes de entrar en batalla si han amenazado la línea de retirada del enemigo, el equilibrio de sus preparativos o sus fuentes de suministros locales.

Para que una amenaza de este tipo sea eficaz, por regla general debe aplicarse sobre un punto del tiempo y del espacio más cercano al ejército del adversario que el que correspondería a una amenaza contra sus líneas de comunicación. Y, por tanto, en los primeros momentos de los conflictos bélicos suele resultar complicado distinguir entre las maniobras tácticas y las estratégicas.

En el plano psicológico, la desarticulación es el resultado del impacto que causan en la mente del comandante enemigo los efectos físicos que hemos enumerado antes. La impresión se acentúa enormemente si el adversario se percata *de repente* de que se encuentra en desventaja, o bien si siente que es incapaz de contrarrestar la acción de su oponente. *La desarticulación psicológica surge, principalmente, de la sensación de verse atrapado.*

Esta es la razón que explica por qué lo más frecuente es que la sorpresa fuese fruto de una maniobra física para situarse en la retaguardia del enemigo. Como nos sucede a las personas, los ejércitos tienen graves problemas para defender su espalda de los golpes, salvo si se dan la vuelta para poder utilizar los brazos en una nueva dirección. Durante esa «media vuelta», a los ejércitos les ocurre lo mismo que a los humanos: se desequilibran temporalmente. Peor aún, como el periodo de inestabilidad dura mucho más, es inevitable. Como consecuencia, el cerebro es mucho más sensible a cualquier peligro que se sitúe a su espalda.

Por el contrario, moverse directamente hacia un enemigo, de frente, ayuda a que el adversario consolide su equilibrio físico y psicológico. Al consolidarlo, crece su capacidad de resistencia. En el caso de los ejércitos, además, una acción como esta empuja al oponente, que retrocede y se aproxima a sus reservas, suministros y refuerzos. Por tanto, a medida que el frente retrocede y se repliega, aunque sufra desgaste, se complementa con nuevas capas de recursos que se añaden por detrás. Lo máximo que puede lograr este método es generar tensiones para el enemigo, pero no le causará conmoción.

Por lo tanto, aquel movimiento que rodee la vertiente frontal del enemigo para dirigirse contra su retaguardia no solo tendrá por objetivo evitar encontrarse con resistencia por el camino, sino que se concibe precisamente para esquivarla. En el sentido más profundo, este movimiento sigue la *línea de menor resistencia*. Dentro de la esfera psicológica, el equivalente es la *línea de menor expectativa*. Son dos caras de la misma moneda; si entendemos e interiorizamos este axioma, ampliaremos nuestra forma de comprender la estrategia. Y es que, si nos limitamos a seguir la línea que, a todas luces, se presenta como la de menor resistencia, será tan obvia que tampoco pasará desapercibida para el oponente. Con lo cual, habrá dejado de ser la línea de menor resistencia.

Al estudiar la vertiente puramente física, no conviene perder jamás de vista el plano psicológico. Para que una estrategia siga una aproximación verdaderamente indirecta, es preciso que ambos factores se combinen, con todo calculado para desestabilizar el equilibrio del enemigo.

Maniobrar y marchar siguiendo una ruta indirecta hacia el adversario y buscando la retaguardia de las fuerzas que haya desplegado no constituye una aproximación indirecta estratégica en sí. El arte de la estrategia es bastante más sofisticado. Es posible que una aproximación como esta comience siendo indirecta en relación con el frente del enemigo, pero el avance en pos de la retaguardia será tan directo que le permitirá modificar su despliegue y preparativos, así que pronto nos encontraremos inmersos en una aproximación directa, enfilando el nuevo frente.

Debido al riesgo de que el enemigo consiga alterar así el frente que nos ofrece, suele ser necesario que el movimiento clave para desarticular su despliegue vaya precedido de una o más maniobras que cabe definir con el término «distracción», en el sentido de atraer por separado. El propósito de esta distracción es *privar al enemigo de su libertad de acción* y debe hacerse notar tanto en la esfera física como en la psicológica. En la física, debería causar una distensión de las fuerzas o provocar su redireccionamiento para consagrarse a fines improductivos. Como resultado, quedarán demasiado dispersadas o concentradas en otros puntos, con lo cual ya no tendrán capacidad para interferir con la maniobra decisiva que teníamos planeada. En el ámbito psicológico, se persigue ese mismo efecto jugando con los miedos de los mandos del ejército oponente y tratando de inducirlos a engaño. Stonewall Jackson lo expresó acertadamente en su lema sobre la estrategia: «Desorientar, engañar y sorprender». Lo cierto es que desorientar y engañar constituyen la «distracción» en sí, mientras que la sorpresa es la chispa que hace estallar la desarticulación. Primero, «se distrae» la mente de los mandos oponentes y esa distracción, a su vez, provoca la de sus fuerzas. A continuación, sufrirán la secuela de perder la libertad para reflexionar: perder, también, la libertad de concebir.

Conocer en profundidad cómo afecta el aspecto psicológico a la esfera física y la domina tiene un valor indirecto. Nos servirá para estar precavidos ante la falsedad y la superficialidad que entraña intentar analizar y teorizar sobre estrategia en términos matemáticos. No sirve de nada tratar el tema desde una perspectiva exclusivamente cuantitativa, como si la piedra angular del problema fuese la concentración de fuerzas en un punto elegido. Esa concepción es errónea, igual de equivocada que tratar la estrategia como un mero problema geométrico, de ángulos y líneas.

Aún más lejos de la verdad se encuentra la tendencia de los libros de texto que tratan la guerra esencialmente como un asunto que consiste en concentrar más fuerzas que el adversario. De hecho, esta premisa en la práctica nos suele conducir a callejones sin salida. En su célebre definición de la economía de fuerzas, Foch acuñó esta explicación:

> Es el arte de verter *todos* los recursos de que se disponga en un momento dado y en un punto concreto, de utilizar *todas* las tropas y, para hacerlo posible, que esas tropas mantengan una comunicación permanente entre sí, en lugar de dividirlas y asignar a cada parte una función fija e invariable. La segunda parte, tras haber conseguido un resultado, es el arte de volver a disponer y desplegar las tropas para converger y actuar contra otro objetivo individual.

Hubiese sido más exacto y lúcido decir que un ejército debería distribuirse siempre de forma que sus componentes puedan prestarse auxilio mutuo y coordinarse o fusionarse para conseguir la máxima concentración *posible* de fuerzas en un punto concreto, mientras se aplica en los demás lugares el mínimo de fuerza *necesario* para facilitar el triunfo de la concentración.

Concentrar *todas* las fuerzas es un ideal irrealizable y, además, peligroso, aunque sea como hipérbole. Es más; en la práctica, el «mínimo necesario» podría suponer una proporción mucho mayor del total que el «máximo posible». Incluso sería cierto afirmar que, cuanto mayor sea la fuerza que se use efectivamente para la *distracción* del enemigo, mayor será la probabilidad de que la concentración cumpla su objetivo. De lo contrario, podríamos atacar y golpear un objetivo demasiado sólido como para destrozarlo.

No es suficiente disponer de fuerzas superiores en el punto elegido como decisivo, excepto si resulta que para el oponente es imposible reforzar ese mismo punto *a tiempo*. La receta de la superioridad de fuerzas solo da frutos en contadas ocasiones y no suele bastar, salvo si además de la inferioridad numérica el objetivo ha sufrido algún desgaste moral. Algunos de los peores reveses que cosechó Napoleón se debieron a que pasó por alto esta advertencia. Y a medida que ha crecido el efecto disuasorio de las armas, también ha aumentado la necesidad de contar con un elemento de distracción.

La base de la estrategia

Existe una verdad más profunda que Foch y otros discípulos de Clausewitz no comprendieron por completo: en la guerra, todo problema (y todo principio) constituye una dualidad. Al igual que las monedas, tienen dos caras. De ahí que sea necesario transigir hasta alcanzar un punto de consenso bien calculado, que será el medio para conciliar las dos vertientes. Es la consecuencia ineludible de un hecho bien sabido: la guerra es un asunto en el que participan dos bandos, así que impone la obligación de que uno se defienda cuando el otro golpea. El corolario de esta ley es que, para golpear con eficacia, hay que abordar al enemigo con la guardia baja. Tan solo es posible conseguir una concentración eficaz cuando las fuerzas opositoras están dispersas. Y habitualmente, para lograr este objetivo, es preciso distribuir y repartir por una zona muy amplia a nuestras propias fuerzas. Así se produce la paradoja de que la auténtica concentración es producto de la dispersión.

Otra consecuencia más de la naturaleza «bipolar» de la guerra es que, para asegurarnos de alcanzar un objetivo, deberíamos tener *objetivos alternativos*. Aquí existe un contraste esencial con la cerrada doctrina decimonónica sostenida por Foch y sus colegas; un contraste entre la dimensión práctica y la teoría. Y es que, si el enemigo sabe con seguridad qué punto es nuestro objetivo, tendrá más posibilidades de protegerse y mitigar nuestras armas. Por el contrario, si se elige una línea que hace peligrar objetivos alternativos simultáneamente, distraeremos su mente y sus fuerzas. Además, este es el método de *distracción* más económico, ya que nos permite mantener disponible la mayor proporción de fuerzas dentro de nuestra línea real de operaciones. Así se concilian los dos extremos, la máxima concentración posible y la necesidad de dispersión.

La ausencia de alternativas es contraria a la propia naturaleza del conflicto bélico. Es un pecado que atenta contra la claridad que Bourcet especificó en el siglo XVIII con su axioma más perspicaz: «Todo plan de campaña debería contener varias ramificaciones y haber sido planificado hasta el extremo de que una u otra de esas ramificaciones aseguren el triunfo sin posibilidad de error». Esa era la verdad por la que se guio el heredero de su doctrina militar, el joven Napoleón. Bonaparte buscaba siempre, tal y como él mismo dijo, *faire son thème en deux façons*.

Setenta años más tarde, Sherman volvería a aprender esta lección por experiencia propia, reflexionando hasta acuñar su famosa máxima que propone la necesidad de «poner al enemigo en los cuernos de una disyuntiva». En cualquier problema donde exista una fuerza opositora que es imposible regular, debemos prever y conformar rutas alternativas. La adaptabilidad es la ley que rige la supervivencia, tanto en la guerra como en la vida, pues la primera no es sino una forma concentrada de la lucha humana contra el medio donde habita.

Para que sea aplicable en la práctica, todo plan debe tomar en consideración las capacidades y el poder del adversario para frustrarlo. La mejor oportunidad para salvar esos obstáculos es contar con un plan que admita variaciones sin grandes complicaciones con el fin de hacerlo encajar con las circunstancias que deba afrontar. Para conservar la capacidad de adaptación al tiempo que se retiene la iniciativa, lo más aconsejable es operar siguiendo una ruta que nos aproxime a objetivos alternativos. De esta forma, el oponente se enfrentará a un dilema, como a los pitones divergentes de una cornamenta, hasta el punto de que nos asegurará la oportunidad de conquistar al menos un objetivo (aquel que esté peor defendido) y podría incluso abrirnos el camino para alcanzar uno tras otro.

En el ámbito táctico, donde las disposiciones del enemigo probablemente se basen en la naturaleza del terreno, puede resultar más complejo encontrar objetivos que envuelvan al enemigo en un dilema que en el ámbito estratégico, ya que en este último nivel el oponente siempre tendrá centros industriales y nudos de comunicaciones obvios que proteger. Aun así, es posible obtener una ventaja similar si adaptamos nuestro proyecto para seguir la línea donde la resistencia sea menor y explotar cualquier debilidad que detectemos o que surja. Como si se tratase de un árbol, si aspiramos a que un plan dé frutos, debe tener ramas. Un plan que no tiene más que un objetivo reúne todas las condiciones para convertirse en un poste estéril.

Cortar las comunicaciones

Al planificar cualquier golpe dirigido contra las comunicaciones del enemigo, ya sea maniobrando en torno a sus flancos o mediante una rápida penetración a través de una brecha abierta en su frente, surgirá una cuestión: ¿cuál es el punto más apropiado para incidir? ¿Deberíamos actuar contra la retaguardia inmediata de las fuerzas adversarias o internarnos más allá?

Al analizar este tema en la época en que aparecieron las primeras fuerzas mecanizadas experimentales y su uso estratégico todavía se estaba evaluando, traté de orientarme analizando las incursiones de caballería efectuadas en el pasado. Especialmente en los episodios bélicos más recientes, desde que empezó a usarse el ferrocarril. Aunque me parecía que esas acciones por parte de la caballería tenían un potencial más limitado que las posibilidades que deparaba una penetración estratégica profunda a cargo de unidades mecanizadas, precisamente las diferencias entre ambas acentuaban la relevancia de las pruebas recogidas, en lugar de restarles valor. Tras efectuar los ajustes necesarios, se podían inferir las siguientes conclusiones:

En general, cuanto más próxima a las fuerzas esté situada la brecha que se abra, *más inmediato* será el efecto. Cuanto más cerca se encuentre de las bases del enemigo, *más intenso* será el efecto. En cualquier caso, si el impacto se causa contra una fuerza en movimiento y en el transcurso de una operación, se nota mucho más rápida e intensamente que si actuamos contra una fuerza inmóvil.

Decidir la dirección de un ataque móvil depende en gran medida de la posición estratégica y las condiciones de los suministros de las fuerzas enemigas. Es decir, del número de líneas de suministros, la posibilidad de adoptar líneas alternativas para abastecerse y la cantidad de suministros que probablemente tengan acumulados en depósitos avanzados cerca del propio frente. Una vez considerados estos factores, deben evaluarse de nuevo teniendo en cuenta la *accesibilidad* de los diversos objetivos posibles. Es decir, la distancia, los obstáculos naturales y la oposición que sería probable encontrarse. En términos generales, cuanto mayor sea la distancia que es preciso cubrir, mayor será la proporción de obstáculos naturales y menor será la oposición.

Por tanto, salvo que las dificultades naturales del terreno sean muy acusadas o que el enemigo exhiba una extraordinaria independencia respecto de la base en cuanto a suministros, lo lógico es esperar un éxito y un efecto mayores si cortamos sus comunicaciones en un punto tan retrasado como sea posible.

Otro factor a considerar es que, mientras que un golpe lanzado contra la retaguardia inmediata de las fuerzas enemigas puede afectar con más intensidad a su mentalidad, un golpe más alejado tras sus propias filas suele causar un impacto más grave en la mente de sus mandos.

En el pasado, las incursiones de la caballería a menudo echaban a perder sus posibles efectos por simple falta de cuidado a la hora de desarrollar la labor de demolición que implicaban. Como resultado, se había descartado erróneamente el valor potencial de las incursiones móviles contra las líneas de comunicación. Deberíamos ser conscientes además de que ofrecen la posibilidad de interrumpir el flujo de suministros no solo gracias a la destrucción de las infraestructuras presentes en la ruta, sino también interceptando trenes o convoyes de camiones. Esa forma de interrupción sería aún mayor con el desarrollo de las fuerzas mecanizadas, dada su flexibilidad y capacidad de maniobrar campo a través.

Todas estas deducciones quedaron confirmadas por la experiencia de la Segunda Guerra Mundial. Sobre todo, el catastrófico efecto paralizante, tanto en el plano físico como en el psicológico, puesto de relieve cuando las unidades Panzer al mando de Guderian se adelantaron a los principales ejércitos alemanes y segaron las comunicaciones de las fuerzas aliadas al atravesarlas en un punto tan retrasado respecto al frente como la línea del Somme, en Amiens y Abbeville.

El método de avance

Hasta finales del siglo XVIII, la norma era el avance físicamente concentrado, tanto en el nivel estratégico (*hacia* el campo de batalla) como en el táctico (*sobre* el campo de batalla). Después, Napoleón aplicó las ideas de Bourcet e impuso el nuevo sistema de divisiones, lo que introdujo el avance estratégico *distribuido*; con el ejército desplazándose en fracciones independientes. Pero el avance táctico siguió siendo, en general, de tipo concentrado.

En las postrimerías del siglo XIX, con el desarrollo de las armas de fuego, el avance también se volvió disperso en el plano táctico. Es decir, se avanzaba en partículas, para reducir el efecto del fuego de proyectiles. Pero el avance estratégico volvió a ser concentrado: por un lado, debido a la influencia de los ferrocarriles y la expansión de los ejércitos de masas; por otro, también ayudó la errónea interpretación del método napoleónico.

Se hizo indispensable resucitar el avance estratégico distribuido para revivir el arte y los efectos de la estrategia. Además, los nuevos factores tecnológicos (la motorización y la guerra aérea) apuntan a que seguirá desarrollándose en el futuro, camino de un *avance estratégico disperso*. El peligro de los ataques aéreos, el objetivo de desconcertar al adversario y la necesidad de explotar al máximo las posibilidades de la movilidad mecanizada sugieren que las fuerzas en avance no solo deberían distribuirse con la máxima holgura admisible sin perder capacidad para actuar coordinadas, sino dispersadas tanto como sea posible sin perder la cohesión. Y esta necesidad se vuelve crítica ante la aparición de las armas atómicas. El desarrollo de la radio llega justo a tiempo para ayudar a compaginar la dispersión y el control.

En lugar de la sencilla idea de lanzar un golpe concentrado, propinado por una fuerza concentrada, deberíamos elegir, según las circunstancias, entre estas variantes:

1. El avance disperso con un fin único y concentrado, es decir, contra un solo objetivo.
2. El avance disperso con un objetivo en serie concentrado, es decir, contra objetivos sucesivos.

(Estas dos opciones exigirán movimientos preliminares para distraer la atención y las fuerzas del enemigo, salvo que exista la posibilidad de amenazar objetivos alternativos, lo cual nos permitiría confiar en que la propia perplejidad del adversario provoque un efecto de distracción).

3. Un avance disperso con objetivos distribuidos, es decir, contra varias metas simultáneamente.

(Bajo las nuevas circunstancias que condicionan los conflictos bélicos, el efecto *acumulativo* de un triunfo parcial, e incluso la mera amenaza, en varios puntos puede ser mayor que el efecto de una victoria completa en un único punto).

La efectividad de los ejércitos depende del desarrollo de nuevos métodos cuya finalidad sea impregnar y dominar áreas en lugar de capturar líneas, con la intención práctica de paralizar las acciones del enemigo, en lugar del objetivo teórico de aplastar sus tropas. La fluidez podría prevalecer allí donde la simple concentración de fuerzas no aporta sino una peligrosa rigidez.

La esencia concentrada de la estrategia y la táctica

Este breve capítulo es un intento por representar unos cuantos principios, fruto de la experiencia y extraídos de la historia de la guerra, que se antojan tan universales y fundamentales como para considerarlos axiomas.

No se trata de principios abstractos, sino de verdades prácticas. Cuando nos ofreció sus máximas, Napoleón cayó en la cuenta de que solamente lo práctico es útil. Posteriormente, la tendencia moderna se ha decantado por buscar los principios, que se podrían expresar con un solo término... pero después requieren varios miles de palabras más para ser explicados. Aun así, esos «principios» son tan abstractos que tienen significados distintos para diferentes personas. Para que sean válidos, dependen de la propia comprensión individual de la guerra. Cuanto más profundizamos en la búsqueda de abstracciones incontrovertibles, más se asemejan a un espejismo, que no podemos asir ni resultan útiles, excepto como ejercicio intelectual.

Los principios de la guerra (que no son un único fundamento monolítico) se pueden condensar en una sola palabra: concentración. Pero para ceñirnos a la verdad, es preciso amplificar este término, algo así como «la concentración de fuerza opuesta a la debilidad». Para que sea un concepto realmente válido, es obligatorio explicar que la concentración de fuerza contra un punto o rasgo de debilidad depende de la dispersión de las fuerzas del oponente, que a su vez deriva de la distribución de nuestros propios efectivos y recursos, que da la sensación y el efecto parcial de dispersión. Nuestra dispersión, la dispersión del enemigo, nuestra concentración: esta es la secuencia. Cada elemento es secuela del anterior. La auténtica concentración es fruto de una dispersión bien calculada.

Nos hallamos ante un principio fundamental cuya comprensión puede evitar un error de base (el más común de todos): concederle al adversario tiempo y libertad para concentrarse y hacer frente a nuestra concentración. Pero establecer el principio no sirve de gran cosa a la hora de ponerlo en práctica.

Los axiomas que hemos mencionado anteriormente (aquí expresados como máximas) no se pueden condensar en una sola palabra, pero sí resumirse en el menor número de ellas para facilitar su aplicación práctica. Hablemos por ahora de ocho axiomas en total, seis positivos y dos negativos. Son aplicables en el nivel táctico, así como en el estratégico, salvo que se indique lo contrario.

Positivos

1. *Debemos ajustar los fines a los medios.* Al determinar el objeto que se persigue, es imprescindible mantener la mente clara y fría para realizar cálculos. Sería una insensatez «abarcar más de lo que somos capaces de apretar». El ingrediente básico de la sabiduría militar es saber qué es posible y qué no. Así que debemos aprender a afrontar los hechos sin perder la fe. Cuando empiece la acción, la fe hará mucha falta. De hecho, puede conseguir cosas aparentemente imposibles. La confianza es como la electricidad para una batería; más vale evitar que se desperdicie gastándola en esfuerzos vanos. No olvidemos que nuestra propia confianza, a la larga, no servirá de nada si las celdas de la batería (o sea, las personas de quienes dependemos) se han agotado.

2. *No debemos perder nunca de vista el objetivo,* al tiempo que adaptamos el plan a las circunstancias. Debemos tener en cuenta que siempre hay varias formas de alcanzar un objetivo y detectarlas, pero sin olvidar que todo objetivo parcial debe estar relacionado con el final. Y al sopesar posibles objetivos parciales, debemos evaluar qué posibilidades tenemos de lograrlos y compararlas con cuánto nos acercarán al objetivo final, siempre que el resultado sea positivo. Distraernos y perder tiempo en tareas secundarias es mal asunto, pero intentar avanzar por un callejón sin salida sería aún peor.

3. *Hemos de seguir la línea (o ruta) menos esperada.* Intentemos ponernos en la piel del enemigo y pensemos

qué curso de acción es menos probable que prevea o al que pueda anticiparse.

4. *Explotemos la línea de menor resistencia*, siempre y cuando pueda conducirnos a cualquier objetivo que contribuya a alcanzar el objetivo final. En el plano de la táctica, esta máxima se aplica al uso de las reservas y en el nivel estratégico, a la explotación de cualquier victoria táctica.

5. *Tenemos que seguir una línea de operaciones que nos ofrezca varios objetivos.* Así plantearemos un dilema al adversario, situación que abre el camino para que alcancemos, al menos aquel que sea más vulnerable porque lo proteja peor, e incluso nos permita hacernos con los dos, uno tras otro.

Cuando contamos con objetivos alternativos, conservamos la oportunidad de conquistar uno al menos. Por el contrario, si trabajamos con un objetivo único, a no ser que el enemigo adolezca de una inferioridad insalvable, lo más probable es que, en cuanto el rival sepa a ciencia cierta cuál es nuestro objetivo, nos ponga las cosas difíciles o imposibles para conquistarlo. No hay error más común que confundir el empleo de una sola línea de operaciones (una medida normalmente muy sensata) con un solo objetivo, algo que suele ser inútil. Aunque esta máxima es válida principalmente para la estrategia, también deberíamos aplicarla a la táctica cuando sea viable. De hecho, es la base de las tácticas de infiltración.

6. *Asegurémonos de que tanto el plan como las disposiciones sean flexibles, adaptables a las circunstancias.* El plan debería prever y contemplar qué pasos dar a

continuación en caso de producirse un triunfo, una derrota o un éxito parcial, que es la situación más habitual en un conflicto bélico. Las disposiciones, los preparativos (o la formación de las tropas) deberían ser acordes para permitir adaptarse a las circunstancias o explotar las oportunidades a la mayor brevedad posible.

Negativos

7. *No debemos comprometer todos nuestros recursos en un golpe mientras el oponente permanece en guardia*, ya que estará bien plantado para esquivar o rechazar el ataque. La experiencia histórica nos demuestra que no es posible propinar un golpe verdaderamente eficaz mientras no se haya paralizado la capacidad de resistencia o de evasión, salvo si actuamos contra un adversario muy inferior. En consecuencia, ningún comandante debería lanzar un ataque duro y real contra un enemigo bien situado y afianzado mientras no tenga la seguridad de que la parálisis lo atenaza. Ese factor se produce como consecuencia de la *desorganización* del enemigo y de su equivalente en el plano psicológico, la *desmoralización*.

8. *Cuando un ataque ha fracasado, no debemos reanudarlo siguiendo la misma línea (o la misma forma).* Reforzar los efectivos implicados en la ofensiva no constituye un cambio suficiente, ya que es probable que el enemigo también haya fortalecido su posición

durante el intervalo transcurrido. Y además, es casi seguro que la sensación de victoria experimentada al rechazar nuestro intento le haya subido la moral.

La verdad fundamental que subyace a todas estas máximas es que, para conseguir la victoria, es preciso resolver dos problemas esenciales: la *desarticulación* y la *explotación*. Uno precede y el otro sigue al golpe o ataque propiamente dicho, el cual, en comparación, es un acto relativamente sencillo. Es imposible agredir de forma eficaz a un enemigo si no hemos creado primero una oportunidad para ejecutar el golpe. Y esa agresión no tendrá efectos decisivos si no explotamos la segunda oportunidad que surgirá antes de que pueda recobrarse de la conmoción.

Nunca se ha reconocido adecuadamente la importancia de estos dos problemas, lo que explica en buena medida el factor de indecisión en las guerras. La instrucción de los ejércitos se centra prioritariamente en aprender a desarrollar eficacia en la ejecución minuciosa del *ataque*. Esa concentración en las técnicas de la táctica ensombrece a los factores psicológicos, que se quedan en segundo plano. Así se fomenta el culto por la sensatez, en lugar de apostar por la sorpresa. Se forman comandantes tan absortos en no cometer ningún error y actuar respetando todas las reglas que se olvidan de que es necesario atraer al enemigo e inducirlo a que dé un paso en falso. El resultado de todo esto es que sus planes no arrojan resultados. No olvidemos que, en la guerra, lo más corriente es que la balanza se desequilibre como consecuencia de errores inapelables.

De vez en cuando, algún que otro mando militar ha rehusado aplicar las recetas más obvias y ha encontrado en las opciones inesperadas la clave para provocar una resolución, salvo si la fortuna se ha negado a sonreír. Y es que tampoco podemos desligar la suerte de la guerra, dado que es parte de la vida. Por tanto, lo inesperado no es garantía de éxito automático, pero sí nos asegura que contaremos con las mejores probabilidades de triunfar.

El objetivo nacional
y el propósito militar

Cuando se discute el tema del «objetivo» en los conflictos bélicos, es fundamental definir con claridad y no olvidar en ningún momento cuál es la distinción entre el objetivo político y el objetivo militar. Son diferentes, pero no están del todo separados. Las naciones no se embarcan en conflictos bélicos por placer, sino para perseguir unas políticas concretas. El propósito militar no es más que el medio para lograr un fin político. Por tanto, el objetivo militar debería regirse por el político, sujeto a una condición básica: que la política no exija algo que militarmente (es decir, en la práctica) sea imposible.

Por consiguiente, cualquier estudio de este problema debe comenzar y terminar afrontando la cuestión de la política.

Aunque sea de uso común, el término «objetivo» no es demasiado acertado. Tiene un sentido físico y geográfico, con lo cual, tiende a confundirnos en las reflexiones. Sería mejor hablar de «objeto» cuando nos refiramos al fin de una política y de «propósito militar» cuando hablemos de la manera en que se dirigen las fuerzas para ponerlas al servicio de la política.

El objeto de la guerra consiste en alcanzar un estado de paz más adecuado, aunque lo sea exclusivamente desde nuestro punto de vista individual. Así que es esencial conducir la guerra sin perder en ningún momento de vista la paz que se desea lograr. Esto es válido tanto para naciones agresoras, deseosas de expandir sus fronteras, como para naciones pacíficas que luchan solamente por su autoconservación. Claro que tendrán opiniones muy distintas acerca de qué es un estado de paz más apropiado.

La historia nos enseña que lograr una victoria militar no equivale intrínsecamente a conquistar el objeto de la política. Pero como la mayoría de las reflexiones sobre los enfrentamientos bélicos han tenido por autores a profesionales del estamento militar, se ha registrado una tendencia perfectamente natural a perder de vista el objeto nacional básico e identificarlo con el propósito militar. En consecuencia, cuando han estallado las hostilidades, ha sido frecuente que el propósito militar gobernase la política, considerándose una finalidad en sí, en lugar de un medio para alcanzar un fin.

Los efectos perniciosos de esta confusión no se han detenido ahí. Al perder de vista cuál es la relación correcta entre el objeto de la política y el propósito militar, entre política y estrategia, esta última ha resultado distorsionada y excesivamente simplificada.

Para comprender de veras el problema, que en esencia es tremendamente complejo, es necesario conocer el trasfondo del pensamiento militar y las reflexiones que ha dedicado a este tema durante los dos últimos siglos, además de entender cómo han evolucionado los conceptos.

Durante más de un siglo, el canon fundamental de la doctrina militar dictó que la única y auténtica finalidad en la guerra era «la destrucción de las principales fuerzas del enemigo en el campo de batalla». Era una divisa universalmente aceptada, grabada y enmarcada en todos los manuales de ciencia militar, y dictada en todas las academias de oficiales. Se consideraba una blasfemia que algún estadista se atreviese a poner en duda el buen encaje de esta tesis con el objeto nacional en cualquier circunstancia: esa opinión era un atentado que violaba escrituras casi sagradas. Salta a la vista en cuanto estudiamos las crónicas oficiales y las memorias de los líderes militares de naciones en guerra, especialmente durante e inmediatamente después de la Primera Guerra Mundial.

Los grandes comandantes y profesores de la teoría de la guerra en las épocas anteriores al siglo XIX se habrían quedado atónitos ante una regla tan absoluta, pues ellos sí habían reconocido la necesidad práctica y la sabiduría de adaptar los objetivos a las limitaciones que imponen las fuerzas y la política.

La influencia de Clausewitz

La regla adquirió su inflexibilidad dogmática a través de la influencia póstuma que Clausewitz y sus libros ejercieron sobre las mentes de los soldados prusianos, particularmente en el caso de Moltke. A la postre, cobraría más resonancia con el eco de sus victorias en 1866 y 1870, que impactaron a los ejércitos de todo el mundo, prestos a copiar muchos de los rasgos que caracterizaban al sistema prusiano. Por eso es vital que examinemos sus teorías.

Como sucede tan a menudo, los discípulos de Clausewitz llevaron sus enseñanzas a extremos que el maestro no había pretendido.

La mayoría de los profetas y pensadores, fuese cual fuese su esfera, han compartido un mismo sino, la malinterpretación. Los culpables han sido discípulos devotos, pero que no comprendían del todo las teorías, y que han causado más daño a los conceptos originales que la ceguera y los prejuicios de sus oponentes. Sin embargo, es de rigor admitir que Clausewitz invitaba a esa malinterpretación más que la mayoría. Tras estudiar a Kant a través de otros autores, había adquirido un modo filosófico de expresarse, pero sin haber desarrollado una mentalidad genuinamente filosófica. Expuso su teoría de la guerra de una forma demasiado abstracta y enrevesada para las mentes corrientes de los soldados. Estos se centraban en los aspectos concretos y tenían dificultades para seguir la argumentación, que con frecuencia cambiaba de dirección para adoptar otra diametralmente opuesta. Impresionados, aunque con el intelecto algo nublado ante semejante despliegue, se aferraban a sus vívidas frases destacadas, quedándose en el significado superficial, sin captar la corriente más profunda de su pensamiento.

La mayor contribución de Clausewitz a la teoría de la guerra fue el énfasis que puso en los factores psicológicos. Alzó la voz para pronunciarse contra la escuela de estrategia geométrica, entonces en boga, y demostró que el espíritu humano es infinitamente más importante que los ángulos y las líneas de las operaciones. Debatió sobre los efectos del peligro y la fatiga, trató el valor de la audacia y la determinación, con profunda comprensión.

Pero fueron sus errores los que más impacto causaron en el devenir histórico posterior.

Sostuvo una perspectiva demasiado continental para entender el significado del poderío naval. Y su visión era corta de miras, ya que en el mismo umbral de la era de la mecánica, declaró estar convencido de que «la superioridad numérica cada día es más decisiva». Esa suerte de mandamiento reforzó el conservadurismo instintivo de los soldados, que se resistían a abrazar las posibilidades que ofrecían las nuevas formas de superioridad, cada vez más presentes gracias a los avances de la mecánica. Clausewitz también impulsó con fuerza la universalización y el carácter permanente del reclutamiento obligatorio, un método sencillo para conseguir inflar las cifras de soldados hasta el máximo posible. Este factor desatendía por completo la aptitud psicológica, con lo cual los ejércitos se volvieron mucho más propensos a sufrir episodios de pánico y desmoronamientos súbitos. El método que se aplicaba antes, aunque no era en absoluto sistemático, al menos favorecía que las fuerzas armadas estuviesen integradas por «individuos combatientes» de buena calidad.

Clausewitz no aportó ninguna idea nueva ni sorprendentemente avanzada para los ámbitos de la táctica o la estrategia. Fue un pensador *codificador*, más que un teórico *creativo* o *dinámico*. No causó efectos revolucionarios sobre la guerra, como sí había provocado la teoría del «sistema de divisiones», elaborada en el siglo XVIII, o la teoría de la movilidad acorazada del siglo XX.

Pero al intentar formular la experiencia de los conflictos napoleónicos, hizo hincapié en ciertas características retrógradas, y eso desencadenó lo que podríamos describir como una *revolución marcha atrás*, de regreso hacia un tipo de guerra *tribal*.

La teoría del propósito militar de Clausewitz

Al definir el propósito militar, Clausewitz se dejó llevar por la pasión que sentía por la lógica pura:

> En la guerra, el propósito de toda acción es desarmar al enemigo y ahora demostraremos que esto, *al menos en teoría*, es indispensable. Si aspiramos a que el oponente se pliegue a nuestra voluntad, debemos ponerlo en una situación que le resulte más opresiva que el sacrificio que exigimos. Evidentemente, las desventajas de esa posición no deben ser de carácter transitorio, al menos en apariencia. De lo contrario, en lugar de ceder y rendirse, persistirá en su actitud con la esperanza de que se produzca un cambio a mejor. Por tanto, todo cambio en esta posición que sea fruto de la continuación del conflicto debe ser un cambio a peor.
>
> La peor situación en la que se puede emplazar a una parte beligerante es la de encontrarse totalmente desarmado. En consecuencia, si debemos reducir al enemigo a la sumisión…, deberemos desarmarlo positivamente o colocarlo en una posición donde penda sobre él esa misma

amenaza. A partir de este punto, se colige que el propósito de la guerra debe ser siempre vencer al enemigo o desarmarlo por completo».

La influencia de Kant se deja entrever en el pensamiento dualista de Clausewitz, quien creía en un mundo de ideales perfectos (militares), al tiempo que reconocía la existencia de un mundo temporal donde solamente es posible hacer realidad dichos ideales de manera imperfecta. Era capaz de distinguir entre lo que constituía el ideal militar y lo que describió como una «modificación de la realidad». Así, escribió: «Si se razona en el plano abstracto, la mente no puede detenerse hasta llegar al extremo..., Pero todo adquiere una forma diferente cuando pasamos de las abstracciones a la realidad». «Este propósito de la guerra en el plano abstracto..., el desarme del enemigo, rara vez se alcanza en la práctica y no es una condición necesaria para la paz.

Una vez más, la querencia de Clausewitz por los extremos sale a la luz cuando aborda la batalla como medio para poner fin a las guerras. Su discurso se abría con una aseveración categórica: «No existe más que un medio y ese es la lucha». Justificó esta declaración con una extensa argumentación, con el fin de demostrar que, en cualquier forma de actividad militar «es imprescindible contar con la idea de la lucha en sus fundamentos». Tras haber demostrado detalladamente lo que la mayoría de la gente estaría dispuesta a aceptar sin discusión, Clausewitz afirma que «el objeto de un combate no siempre consiste en la destrucción de las fuerzas del enemigo..., a menudo también se puede lograr este objetivo sin que se produzca ningún combate en absoluto».

Además, Clausewitz admitía que «el desperdicio de nuestras propias fuerzas militares debe, *ceteris paribus*, ser siempre mayor cuanto más se dirija el propósito a destruir el poder del enemigo. Aquí es donde yace el peligro: que esa mayor eficacia a la que aspiramos llegar nos golpee a nosotros mismos y, por tanto, tenga consecuencias más graves si no conseguimos el triunfo».

Aquí Clausewitz enunció con sus propias palabras un veredicto profético de las consecuencias que acarrearía seguir las ideas que él mismo predicaba en la Primera y la Segunda Guerra mundiales. Y es que, de sus enseñanzas sobre las batallas fue precisamente el aspecto ideal el que sobrevivió, no el práctico. Contribuyó a la distorsión al sostener que solamente se «debía recurrir a cualquier otro medio» en aras de evitar los riesgos que entraña la batalla. Y así grabó esa distorsión en la mente de sus discípulos, martilleándolos con el ideal abstracto.

Era poco probable que ni siquiera uno de cada cien lectores supiese seguir la sutileza de su lógica o preservar un auténtico equilibrio entre tanto malabarismo filosófico. Pero cualquiera sería capaz de captar e interiorizar frases tan grandilocuentes como estas:

«En la guerra no hay más que un medio y ese es la batalla».

«El hijo primogénito de la guerra es el empeño por destruir las fuerzas del enemigo, la solución cruenta de la crisis».

«Tan solo las batallas a gran escala producen grandes resultados».

«Que no nos hablen de generales que conquistan sin derramar sangre».

Al reiterar estas fórmulas, Clausewitz difuminó las siluetas que perfilaban su filosofía, de por sí confusas, hasta convertirla en un mero estribillo. Un son para marchar, una suerte de *Marsellesa* a la prusiana, que encendía los ánimos y embriagaba las mentes. Mediante transfusión se convirtió en una doctrina adecuada para formar cabos, no generales. Y es que, al pintar las batallas como la única «actividad de guerra verdadera», despojaba la estrategia de sus laureles y reducía el arte de la guerra a la mera mecánica de la carnicería. Además, incitaba a los generales a buscar la batalla a la *primera* oportunidad, en lugar de intentar crear una oportunidad *ventajosa*.

Clausewitz contribuyó a la decadencia posterior del generalato cuando escribió este párrafo, frecuentemente citado: «Los filántropos pueden imaginar sin dificultades que existe un método habilidoso para desarmar y superar al enemigo sin incurrir en una gran sangría, y que esa es la tendencia más adecuada del Arte de la Guerra... Se trata de un error que debe ser extirpado».

Es obvio que, cuando escribió este pasaje, no se detuvo a reflexionar en que precisamente aquello que estaba censurando había sido considerado el fin más apropiado para el generalato por parte de todos los maestros del arte de la guerra. Incluido el propio Napoleón.

En adelante, un sinfín de patanes blandirían el lema de Clausewitz para excusar e incluso justificar fútiles despilfarros de vidas humanas en asaltos frontales cerriles.

El peligro creció por la forma en que Clausewitz insistió constantemente en la importancia decisiva de contar con la superioridad *numérica*. En un pasaje señaló de forma más aguda que la *sorpresa* «forma parte de la base de cualquier empresa, ya que sin ella no es concebible lograr la preponderancia en el punto decisivo». Pero a sus discípulos les impresionaba más el frecuente énfasis que hacía en los «números», así que acabaron por entender que la concentración de masas era la receta más sencilla para lograr la victoria.

La teoría del objeto de Clausewitz

Todavía fueron peores los efectos que tuvieron su exposición teórica, y exaltación, de la idea de guerra «absoluta», al proclamar que el camino al triunfo discurría irremediablemente por la aplicación ilimitada de la fuerza. De esta manera, la doctrina que había comenzado definiendo la guerra solamente como «la continuación de la política por otros medios» desembocó en el extremo opuesto y contradictorio, convirtiendo la política en esclava de la estrategia. Y de una mala estrategia, además.

La tendencia cobró fuerza, sobre todo por su sentencia: «Sería absurdo introducir en la filosofía de la guerra un principio de moderación. La guerra es un acto violento empujado hasta sus límites máximos».

Esta postura ha servido como fundamento a la absurda extravagancia de la guerra total moderna. El principio de la fuerza sin límites y sin cálculos de costes encaja (y únicamente es apto para encajar) en las mentes de una turba ciega de odio. Supone la negación de la prudencia y la habilidad política, pero también de la estrategia inteligente, aquella que se propone servir a los fines de la política.

Si la guerra es la continuación de la política, como declaró Clausewitz en otras obras, debería conducirse inevitablemente con miras a lograr una situación beneficiosa tras el fin del conflicto. Aquel estado que invierta todas sus fuerzas hasta quedar exhausto condenará a su propia política a la bancarrota.

El propio Clausewitz había calificado su principio de la «fuerza máxima» admitiendo que «el objetivo político, como motivo original de la guerra, debe ser el estándar que determine tanto el propósito de la fuerza militar como la magnitud del esfuerzo que se deba realizar».

Aún más significativo es un pasaje donde reflexiona y subraya que perseguir el extremo lógico implicaba que «los medios perderían toda relación con el fin y, en la mayoría de los casos, ante un esfuerzo extremo, el propósito resultaría destrozado por la intensidad de las fuerzas internas que implica, opuestas entre sí».

Su clásico *De la guerra* fue el producto de doce años de intensas reflexiones. Si su autor hubiese vivido lo suficiente para dedicar más tiempo a cavilar sobre la guerra, quizás hubiese alcanzado conclusiones más claras y sensatas. A medida que progresaba su pensamiento, lo conducía hacia una perspectiva diferente, más profunda y penetrante. Por desgracia, la trayectoria se truncó en 1830, cuando falleció por cólera. Sus escritos sobre la guerra no se publicaron hasta después de su muerte y debemos la publicación a su viuda. Se encontraron en una serie de paquetes sellados, marcados con una nota a la vez significativa y profética: «Si mi muerte interrumpiese este trabajo, aquello que se halle no podrá considerarse más que una colección de conceptos aún sin forma claramente definida... abiertos a un sinfín de malinterpretaciones».

Tal vez de no ser por los fatídicos gérmenes del cólera se hubiese evitado gran parte del daño que causaron aquellos escritos. Es posible encontrar señales reveladoras que indican que en la evolución gradual de sus razonamientos había llegado a un punto cercano a abandonar su concepto original de la «guerra absoluta» y revisar su teoría al completo, guiándose por unas pautas donde pesase más el sentido común. Pero fue entonces cuando sobrevino su muerte.

Como consecuencia, se quedó abierta una vía que llevaría a «un sinfín de malinterpretaciones», muchas más de las que él mismo había previsto. De hecho, la adopción universal de la teoría de la guerra ilimitada ha contribuido notablemente a la ruina de la civilización. Las enseñanzas de Clausewitz se tomaron sin comprenderlas a fondo e influyeron con fuerza tanto en las causas como en el carácter de la Primera Guerra Mundial. Y ese fue el punto de partida lógico que acabaría desencadenando la Segunda Guerra Mundial.

La teoría fluida: después de la Primera Guerra Mundial

El curso y los efectos de la Primera Guerra Mundial proporcionaron motivos de sobra para poner en tela de juicio la validez de la teoría de Clausewitz. Al menos tal y como la interpretaban sus sucesores. Por tierra se luchó en innumerables batallas que nunca producían los resultados decisivos que se esperaban. Pero los líderes responsables de la masacre fueron lentos a la hora de adaptar su fin a las circunstancias o de desarrollar nuevos medios para hacer viables los objetivos que perseguían. En lugar de encarar el problema, se limitaron a exprimir la teoría hasta extremos suicidas, agotando sus propias fuerzas más allá de los límites de seguridad, en pos de un ideal de victoria total en batalla que jamás se llegó a cumplir.

El que, al final, uno de los bandos se hundiera se debió más a los estómagos vacíos, debidos a la presión económica del dominio naval enemigo que a la pérdida de vidas humanas, aunque es verdad que el derrumbe se aceleró con las bajas sufridas durante las frustradas ofensivas germanas de 1918 y la desmoralización que conllevó ese fracaso tan palpable en el intento de alcanzar la victoria. Ahora bien, aunque este hecho brindó a las naciones oponentes la *apariencia* de una victoria, los esfuerzos que invirtieron en *triunfar* les supusieron unos costes tan terribles en lo físico y moral que, a pesar de presentarse como vencedores, ya no fueron capaces de consolidar su posición.

Se hizo evidente que la teoría contenía algún defecto. O al menos, algo marchaba mal respecto a su aplicación, tanto en los planos de la táctica y la estrategia, como en la política. Las estremecedoras pérdidas sufridas en el vano empeño por alcanzar el objetivo «ideal» y el agotamiento de los teóricos triunfadores tras terminar el conflicto revelaron que era necesario volver a examinar por completo el problema del objeto político y el propósito militar.

Además de estos factores negativos, también hubo varias razones positivas para realizar una nueva investigación. Una fue el papel decisivo que había desempeñado el poderío naval, clave para provocar el hundimiento del enemigo merced a la presión económica, a pesar de no haberse librado ninguna batalla naval decisiva. De aquí surgió esta cuestión: quizás se había cometido un error de base, especialmente en el caso de Gran Bretaña, que se había alejado de su estrategia tradicional y había consagrado tanto empeño (con unos costes terribles) a un intento prolongado por obtener una victoria decisiva en tierra.

Hubo otras dos razones, fruto de factores nuevos. El desarrollo de las fuerzas aéreas introdujo la posibilidad de atacar los centros económicos y psicológicos del adversario sin que fuese necesario «destruir las principales fuerzas del enemigo en el campo de batalla». El dominio aéreo hacía posible conquistar un fin directo por medios indirectos, saltando por encima de la resistencia en lugar de tener que doblegarla.

Al mismo tiempo, el desarrollo combinado del motor de explosión y las orugas abrió las puertas a crear fuerzas terrestres mecanizadas dotadas de una gran movilidad. A su vez, este avance presagiaba las nuevas y crecientes posibilidades de provocar el derrumbe de las «principales fuerzas del enemigo» sin entablar una batalla en toda regla. Permitirían cortar las líneas de suministros, desarticular el sistema de control o propiciar la parálisis como consecuencia de la conmoción causada al penetrar profundamente en la retaguardia. Asimismo, al igual que las fuerzas aéreas (aunque en menor medida), estas novedosas unidades terrestres mecanizadas también planteaban la posibilidad de golpear directamente el corazón y el sistema nervioso de la nación contrincante.

Mientras que las unidades aéreas estaban facultadas para descargar esos ataques directos gracias a la naturaleza indirecta de su forma de aproximación, la movilidad de los carros de combate tendría que efectuar esa aproximación indirecta por tierra, esquivando el obstáculo que suponía el ejército contrario. Ilustraré este aspecto con una analogía basada en el ajedrez: los medios aéreos introducían los movimientos que puede efectuar el caballo, mientras que los carros de combate ofrecían la movilidad de la reina. Naturalmente, esta analogía no pretende expresar los valores respectivos de cada figura. Pensemos que la fuerza aérea aunaba la capacidad del caballo para saltar y la libertad total de los movimientos que caracteriza a la reina. Por otra parte, una fuerza terrestre mecanizada, aunque era incapaz de saltar, sí era capaz de ocupar la «casilla» que conquistaba.

Las nuevas posibilidades para guerrear por tierra y aire acabarían influyendo notablemente sobre el *propósito militar* y la elección de los *objetos* en los futuros conflictos.

Ampliaron la capacidad de emprender acciones militares contra objetivos civiles, económicos y morales, al tiempo que reforzaban los efectos conseguidos. Además, extendían el radio de acción para operar contra fuerzas militares contrarias. Gracias a su intervención era más fácil derrocar un «cuerpo» enemigo (como un ejército, por ejemplo) paralizando varios de sus órganos vitales, en lugar de tener que destruirlo físicamente y en conjunto mediante la lucha encarnizada. Anular a la oposición inmovilizando su capacidad de resistencia representa una economía de fuerzas mucho mejor que la aniquilación física de esa misma oposición. Esta última opción siempre entraña un proceso más prolongado y costoso para el bando victorioso. Las fuerzas aéreas prometían nuevos horizontes para inducir la misma parálisis de la oposición armada. Y encima contaban con la ventaja de ser capaces de evadirse del enemigo y golpear objetivos civiles situados en el país adversario.

El efecto conjunto que deparaba la llegada de la movilidad multiplicada con estos medios técnicos, por tierra y aire, se tradujo en más poder y más importancia para la estrategia en relación con la táctica. Los altos mandos del futuro tendrían en su mano la posibilidad de lograr resultados decisivos mucho más mediante movimientos que por los combates, respecto a lo que ocurría con sus predecesores.

Desde luego, el valor de ganar una batalla decisiva no iba a desaparecer. De hecho, las probabilidades de lograr un éxito así aumentarían gracias a las nuevas potencialidades de la movilidad, aunque la batalla propiamente dicha se parecería menos a los enfrentamientos tradicionales. Se convertirían más bien en la culminación natural de una maniobra estratégica. En realidad, «batalla» es un término poco apropiado para denominar esta operación *consecutiva*.

Lamentablemente, las personas que estaban al frente de los ejércitos al concluir la Primera Guerra Mundial tardaron demasiado en reconocer que hacía falta corregir y actualizar la definición del propósito militar a la luz de los cambios que habían alterado las condiciones y los instrumentos bélicos.

Asimismo, y también por desgracia, quienes ostentaban la dirección de las fuerzas aéreas se mostraban exclusivamente preocupados por reafirmar su independencia. Por tanto, se concentraban en explotar las posibilidades de atacar objetivos civiles y se olvidaban del resto, sin reparar en las limitaciones ni en los resultados contraproducentes. Llenos de un natural entusiasmo con el nuevo cuerpo al que pertenecían, confiaban demasiado en su capacidad para provocar un rápido hundimiento de la moral de la población del país enemigo, o emular el estrangulamiento económico que antes era patrimonio de la marina, pero en una vertiente aún más intensa y con efectos decisivos mucho más rápidos.

Puesta en práctica: la Segunda Guerra Mundial

Cuando estalló la siguiente contienda bélica, el puñado de nuevas fuerzas terrestres de tipo mecanizado que se habían puesto en pie refrendó con rotundidad las pretensiones que se les habían atribuido. Efectivamente, tuvieron efectos decisivos allí donde se emplearon para propinar golpes de largo alcance contra objetivos estratégicos.

Seis de estas divisiones fueron suficientes para servir como instrumento principal que desencadenaría la desintegración de Polonia en cuestión de pocas semanas. La conocida como «batalla de Francia» se decidió virtualmente por la actuación de diez divisiones mecanizadas, antes de que la masa de infantería alemana hubiese entrado en acción. Y como secuela inevitable, fue seguida del derrumbe de todas las naciones beligerantes de Europa occidental continental. La campaña que concluyó con la conquista del oeste duró poco más de un mes, con unos costes sorprendentemente pequeños para el bando vencedor. De hecho, en cifras totales, el «derramamiento de sangre» arrojó datos verdaderamente modestos. Y durante la fase decisiva, si atendemos a los estándares de Clausewitz, fueron insignificantes.

Fue una victoria aplastante, lograda al actuar contra objetivos de carácter militar, pero fundamentada sobre todo en las *maniobras*, más estratégicas que tácticas.

Por si fuera poco, cuando se produce una penetración tan profunda, el efecto de interrumpir las comunicaciones de los ejércitos adversarios y desarticular sus sistemas de control resulta difícil de diferenciar del otro efecto que lleva aparejado: hacer añicos la moral de la población y trastornar la organización cívica. Así que, al menos en parte, podemos considerar que esta es una prueba fehaciente de la efectividad que entraña operar contra objetivos civiles.

Esas mismas reflexiones u otras similares son válidas para la conquista de los Balcanes en abril de 1941, que fue todavía más veloz. Esta gesta demostró de nuevo el efecto inmovilizador de los nuevos instrumentos y su aplicación estratégica. En comparación, las «batallas» fueron insignificantes y «destrucción» sería un término claramente inapropiado para calificar el modo en que se zanjó la conflagración.

Cuando llegó el momento de invadir la Unión Soviética, se probó con un método ligeramente distinto. Muchos de los generales alemanes (particularmente Halder, jefe del Estado Mayor) se quejaban de la propensión de Hitler a anteponer los objetivos económicos a los militares. Pero el análisis de las órdenes dadas para dirigir las operaciones y las propias evidencias palpables no apoyaban esta visión. Si bien es cierto que Hitler se inclinaba a creer que el objetivo económico sería más eficaz, está claro que, durante el periodo crucial de la campaña en 1941, se plegó a las preferencias del Estado Mayor, que se decantaba por librar batallas. Perseguir este propósito no resultó finalmente decisivo, pero sí permitió que Alemania sumase varias victorias de gran importancia, en las cuales se destruyeron inmensos contingentes de fuerzas enemigas.

¿Concentrarse en objetivos económicos hubiese deparado un resultado más decisivo? Esta sigue siendo una cuestión no resuelta. Eso sí, al reflexionar sobre el asunto, algunos de los generales alemanes más brillantes consideran que la mejor oportunidad de derrotar a la Rusia soviética se perdió al empeñarse en ganar batallas de la manera «clásica», en lugar de avanzar a la máxima velocidad posible para alcanzar los objetivos morales y económicos que suponían Moscú y Leningrado. Eso es justamente lo que deseaba hacer Guderian, el principal exponente de la nueva escuela de guerra móvil mecanizada. En este tema clave Hitler se alineó junto a los partidarios de la escuela ortodoxa.

A lo largo de la serie de rapidísimas conquistas germanas, las fuerzas aéreas se coordinaron con las unidades mecanizadas de los ejércitos de tierra para paralizar y desintegrar la moral de las fuerzas adversarias y de las naciones que las respaldaban. Su efecto fue devastador y es preciso reconocerles que fueron igual de importantes que las fuerzas Panzer. Se trata de dos ingredientes inseparables si pretendemos evaluar los elementos que dieron origen al nuevo estilo de guerra relámpago, la *blitzkrieg*.

En una fase posterior de la guerra, la contribución prestada por las fuerzas aéreas británicas y estadounidenses fue aún mayor para garantizar el triunfo de los ejércitos y las marinas de guerra de los Aliados. Sin las fuerzas aéreas, invadir el continente europeo hubiese sido imposible. Además, luego aseguraron el avance hasta la victoria final. Sus acciones contra objetivos militares (especialmente contra las comunicaciones) tuvieron un efecto devastador y decisivo sobre la capacidad de los ejércitos alemanes para contrarrestar las operaciones de los Aliados.

Sin embargo, los Estados Mayores del Aire nunca mostraron la misma ambición por conducir operaciones de este tipo que sí ofrecían para perseguir operaciones independientes dirigidas contra objetivos «civiles», como los ataques contra los centros industriales de los países contrarios. Eran operaciones concebidas con la finalidad de causar efectos directos sobre el enemigo, tanto morales como económicos. Se creía que resultarían más decisivos (y más rápidos) que emprender una acción cooperativa contra las fuerzas armadas enemigas.

Los Estados Mayores llamaron «bombardeos estratégicos» a tales iniciativas, pero la expresión no es apropiada. Una acción y un propósito así caen dentro de la esfera de la gran estrategia. Sería más correcto definirlas como «bombardeos de gran estrategia» o bien, si eso suena grandilocuente, «bombardeos industriales», una expresión que abarca tanto los efectos económicos como morales.

Es muy difícil evaluar cuál fue el verdadero efecto que causaron estos bombardeos como contribución a la victoria, a pesar de que se han hecho investigaciones muy detalladas. Las estimaciones de los datos adolecen de confusión debido a las visiones sesgadas, tanto de quienes defienden los bombardeos industriales como de quienes se oponen a ellos por diversos motivos. Aparte de la polvareda resultante, la cantidad de imponderables que contienen esos datos (más aún que las pruebas recogidas sobre cualquier otra forma de acción militar) dificultan y vuelven casi imposible realizar una evaluación correcta.

Pero incluso considerando sus efectos bajo una óptica razonablemente favorable, parece bastante cierto que sus efectos fueron menos decisivos que las acciones que las mismas fuerzas aéreas ejecutaron contra objetivos estratégicos dentro del ámbito militar. En cualquier caso, aunque las operaciones contra objetivos civiles e industriales fuesen decisivas, lo fueron de forma mucho menos clara. Tampoco hay dudas de que, etapa tras etapa a lo largo de la guerra, los resultados de tales operaciones realmente distaban de lo que afirmaban quienes las llevaban a cabo.

Más claro aún es el efecto extremadamente pernicioso de los bombardeos industriales para el panorama de la posguerra. Los efectos morales y sociales eran menos obvios, pero probablemente más duraderos, escondidos tras la escala inabarcable de la devastación, que ya de por sí era difícil de reparar. Este tipo de acción militar genera de manera inevitable un profundo peligro para los fundamentos de la vida civilizada, cuyas raíces son más superficiales de lo que aparentan. Ese riesgo ya era común, pero hoy ha crecido hasta proporciones monstruosas, con la llegada de la bomba atómica.

Aquí llegamos a la diferencia fundamental entre estrategia y gran estrategia. Mientras que la primera únicamente se ocupa de pensar cómo obtener la victoria militar, la gran estrategia debe mirar a largo plazo, ya que su cometido es triunfar en la paz. No es un problema de «poner el carro delante de los bueyes», sino de tener perfectamente claro dónde van el carro y los bueyes.

Los ataques aéreos contra un objetivo que es primordialmente «civil» suponen actuar en el plano de la gran estrategia. Se cuestionan precisamente por ello. Al analizar su propia naturaleza, se considera que es un objetivo erróneo. Escogerlo como objetivo militar sería una elección imprudente e insensata, aunque la capacidad que tenga para resultar decisivo en una guerra se ratificase con más rotundidad o, al menos, se demostrase con más claridad que lo visto hasta ahora.

Más revisiones de la teoría

Al intentar revisar cualquier teoría y reajustarla para dotarla de más equilibrio, ayuda haber estudiado el tema. Siempre y cuando tengamos la disposición adecuada para modificar nuestras conclusiones. Hasta donde yo sé, fui el primer estudioso de la guerra que, después de 1914-1918, volvió a examinar las doctrinas predominantes acerca del objetivo de la guerra, que derivaban de Clausewitz. Tras ponerlas en tela de juicio en varios artículos publicados en revistas militares, abordé el asunto con más profundidad en *Paris, or the Future of War* (París o el futuro de la guerra), en 1925.

Este breve libro comenzaba exponiendo una crítica a la forma en que se había perseguido el propósito militar ortodoxo durante la Primera Guerra Mundial, «la destrucción de las principales fuerzas del enemigo sobre el campo de batalla». Señalé que sus resultados no habían sido decisivos y sí extenuantes. A continuación, pasaba a discutir las ventajas del «objetivo moral», demostrando primero cómo las fuerzas acorazadas podrían propinar un golpe decisivo contra el «talón de Aquiles» del ejército adversario, o sea, sus comunicaciones y centros de mando, que conforman el sistema nervioso; y a continuación, cómo las fuerzas aéreas, además de cooperar en las acciones estratégicas, podrían atacar de forma directa y lograr efectos decisivos contra el «sistema nervioso de una nación» y sus «centros civiles estáticos» de actividad industrial.

Cuando se formó la primera Fuerza Mecanizada Experimental británica, dos años más tarde, el Estado Mayor ordenó que los oficiales de esa unidad estudiasen la obra. No sorprende tanto que el Estado Mayor del Ejército del Aire recurriese al texto y lo exprimiese aún más a fondo, pues encajaba con sus perspectivas y con las tendencias que se estaban desarrollando sobre el tema. El jefe del Estado Mayor del Aire distribuyó copias del mismo entre sus colegas, también jefes de Estado Mayor.

Por tanto, lo que acabo de exponer es una revisión de lo que escribí hace un cuarto de siglo, tras haber reflexionado durante mucho tiempo al respecto. También es una declaración de errores acerca de ciertas partes de la tesis. Revela que, al tratar de compensar los desequilibrios, somos propensos a inclinar la balanza en exceso hacia el lado contrario. T. E. Lawrence me lo advirtió en una carta que me remitió en 1928:

El sistema lógico de Clausewitz es demasiado exhaustivo. Desorienta a sus discípulos; al menos aquellos que preferirían luchar con los brazos en lugar de servirse de las piernas... En estos momentos, usted está intentando restaurar el equilibrio de la balanza tras la orgía de la última guerra (con muy poca ayuda de aquellos cuyo deber sería reflexionar sobre su profesión). Cuando por fin alcance su meta (alrededor de 1945), las ovejas sobrepasarán los límites de discreción que usted fije y algún otro estratega tendrá que reunirlas y reconducirlas. Así andamos, un paso atrás y otro adelante.

En 1925, yo mismo fui demasiado lejos al defender las ventajas de los ataques aéreos dirigidos contra objetivos civiles, aunque sí maticé esta defensa destacando la importancia de que esas acciones se ejecuten con el ánimo de infligir «las menores lesiones permanentes dentro de lo posible, ya que el enemigo de hoy será el cliente del mañana y el aliado del futuro». Entonces creía que «un ataque aéreo decisivo infligiría menos daños totales y constituiría una merma menor para la capacidad de recuperarse del país derrotado que una guerra prolongada como las actuales».

En un estudio posterior, caí en la cuenta de que los ataques aéreos contra centros industriales tienen pocas probabilidades de provocar efectos decisivos inmediatos. En cambio, sí son más propensos a producir otra guerra de desgaste en una nueva forma de conflicto. Quizás con menos muertes, pero más devastadora que la contienda de 1914-1918. Pero en cuanto señalé este punto, el Estado Mayor del Aire no tardó en mostrarse mucho menos receptivo a la conclusión revisada que a la conclusión original. Así que ese Estado Mayor mantuvo su fe en lograr una decisión inmediata y, cuando la experiencia les obligó a abandonar esta postura, depositó la misma fe en el desgaste industrial que la que había consagrado al deterioro de los recursos humanos durante la guerra anterior.

Con todo, percatarse de los inconvenientes y los males derivados de poner la sociedad en el punto de mira de los objetivos no implica que el objetivo sea restablecer el término «batalla» en el sentido clásico. Las desventajas de la fórmula de Clausewitz quedaron perfectamente expuestas en la Primera Guerra Mundial. En contraste, la Segunda Guerra Mundial remarcó las ventajas y nuevas posibilidades de la acción indirecta o estratégica dirigida contra objetivos militares, corroborando lo que habíamos previsto al respecto. Incluso en el pasado hubo casos en los que algunos de los grandes capitanes supieron explotar estas acciones, a pesar de las limitaciones de los instrumentos que manejaban. Pero ahora, con la ayuda de los nuevos medios, resultaban todavía más decisivas, aun contando con la mayor fuerza de la resistencia táctica. *La nueva movilidad produjo una flexibilidad al variar la dirección de la acción ofensiva y la amenaza, lo que «desarma» a esa resistencia.*

Ha llegado la hora de revisar y actualizar la doctrina del objetivo o propósito militar, a la luz de las recientes experiencias y de las condiciones presentes. Sería muy deseable que dicha revisión se afrontase tomando como plataforma los servicios militares combinados, para alcanzar una solución de consenso, ya que actualmente existe una peligrosa discrepancia entre doctrinas.

Espero que en el transcurso de esta discusión sobre el tema hayan surgido ya los trazos generales de una teoría revisada, acorde con los conocimientos que han aparecido y con las condiciones actuales. La idea clave es la de «operación estratégica», en detrimento de la de «batalla», un viejo término que ha perdurado demasiado, hasta sobrevivir a su utilidad e idoneidad. Aún es posible que se produzcan batallas, pero no deberíamos considerarlas como un fin en sí mismas. Repetiré una conclusión ya expuesta y que la Segunda Guerra Mundial justificó de forma llamativa:

> El auténtico objetivo no es buscar batallas sin más, sino llegar a una situación estratégica tan favorable que, si no provoca por sí misma la resolución del conflicto, ofrezca todas las garantías de lograr esa misma resolución en caso de continuar el conflicto con una batalla.

Gran estrategia

Este libro se ocupa de la estrategia, más que de la gran estrategia (también llamada política bélica). Para abordar de manera adecuada este tema, mucho más amplio, se requeriría no solo un volumen mucho más extenso, sino también separado. Y es que, aun cuando la gran estrategia debería primar sobre la estrategia y controlarla, a menudo sus principios son contrarios a los que prevalecen en el campo de la segunda. No obstante, ese es precisamente el motivo por el que estimo aconsejable incluir aquí unas indicaciones someras de las conclusiones profundas a las que nos conduciría un estudio exhaustivo de la gran estrategia.

El objeto de toda guerra es siempre lograr una paz mejor, aunque solo sea desde nuestro punto de vista. Por tanto, es esencial conducir la guerra sin olvidar cómo será la paz que ansiamos. Esta verdad subyace a la definición que Clausewitz propone para la guerra, como «continuación de la política por otros medios». Jamás se debe olvidar la prolongación de esa política a través de la guerra para alcanzar la paz consiguiente. Aquel estado que gaste todas sus fuerzas hasta el agotamiento total condenará a la bancarrota a su propia política y al futuro.

Si nos concentramos exclusivamente en la victoria, sin pensar en absoluto en las secuelas, quizás acabemos demasiado exhaustos para beneficiarnos de la paz y esta será, casi seguro, una mala paz que contendrá la semilla de otra guerra. Abundan las experiencias que ratifican esta lección.

Los riesgos se vuelven aún mayores en cualquier guerra llevada a cabo por una coalición. En este caso, una victoria demasiado avasalladora complica inevitablemente el problema de alcanzar un acuerdo de paz justo y sabio. Cuando desaparece el contrapeso de una fuerza opositora para controlar los apetitos de los vencedores, se desvanece el factor que contenía el conflicto de visiones e intereses que existirá entre las partes que integran la alianza. Como consecuencia, las divergencias pueden agudizarse hasta transformar la antigua camaradería en hostilidad mutua, fruto de la insatisfacción. O sea, que quien antes era nuestro aliado puede convertirse en nuestro enemigo en el siguiente conflicto.

Aquí surge otra cuestión más profunda. Históricamente, las fricciones que se suelen originar en cualquier sistema de alianzas (especialmente cuando no existe una fuerza equilibradora) han sido uno de los factores que han estimulado numerosos intentos de buscar una solución a través de la fusión. Pero la historia nos enseña que, en la práctica, esto significa la dominación por parte de uno de los elementos que constituyen esa unión. Y aunque existe una tendencia natural a que grupos pequeños se fusionen y aglutinen, cuando se fuerza el ritmo de tales uniones, el resultado más habitual es la confusión de los planes para establecer una unidad política completa.

Además, por lamentable que les pueda parecer a los idealistas, la experiencia histórica proporciona escasas justificaciones para creer que el progreso real y la libertad que hace posible el progreso radiquen en la unificación. Allí donde esta ha sido capaz de establecer la unidad de ideas, habitualmente ha terminado en uniformidad, que a su vez paraliza el crecimiento de nuevas ideas. Y allí donde la unificación no ha reportado más que una unidad artificial o impuesta, ha resultado tan fastidiosa que ha desembocado primero en discordias y luego en desorganización.

La diversidad es fuente de vitalidad, así que fomenta el progreso real siempre que exista tolerancia mutua, apoyándose en que intentar suprimir las diferencias en lugar de aceptarlas podría empeorar las cosas. Por este motivo, lo mejor para llegar al tipo de paz que posibilita el progreso es contar con un equilibrio de fuerzas que aporte controles mutuos, tanto en la esfera de la política interna como en las relaciones internacionales.

En la primera de esas dos esferas, la experiencia del sistema bipartidista en la política inglesa perduró suficiente tiempo para demostrar su superioridad práctica ante cualquier otro sistema de gobierno que se haya probado, a pesar de sus teóricos inconvenientes. En la esfera internacional, el «equilibrio de poderes» fue una teoría sensata mientras se preservó dicho equilibrio. Pero la frecuencia con que se ha desequilibrado en el panorama europeo, precipitando al continente a la guerra, ha originado una urgente y creciente necesidad de encontrar una solución más estable, sea en forma de unión o de federación. La federación es el método que más esperanzas aporta, ya que personifica el principio vitalista de la cooperación, mientras que la unión anima a que un único interés político monopolice el poder. Y todo monopolio de poder acaba por demostrar, una y otra vez, la verdad histórica que lord Acton resumió en su famosa declaración: «Todo el poder corrompe y el poder absoluto corrompe absolutamente». Ni siquiera una federación es inmune al peligro, así que se deberían extremar las precauciones para asegurarnos de que existan y se mantengan activos los controles mutuos y los factores equilibradores necesarios para corregir el efecto natural de la unidad constitucional.

Otra conclusión que se deriva del estudio de la gran estrategia en el marco de la historia es la necesidad práctica de adaptar la teoría general de la estrategia a la naturaleza de la política fundamental de cada nación. Existe una diferencia crucial entre los propósitos y, por tanto, es preciso adoptar una diferencia consecuente respecto al método apropiado, entre un Estado «acaparador» y un Estado «conservador».

A tenor de esta diferencia, queda claro que la teoría pura de la estrategia, tal y como la delineamos en el Capítulo 19, encaja a la perfección en los estados cuya principal preocupación es conquistar territorios. Deberemos modificarla si pretendemos que sirva al verdadero propósito de los pueblos que están satisfechos con sus límites territoriales existentes y que se preocupan, en cambio, por preservar su seguridad y mantener su modo de vida. El Estado acaparador, inherentemente insatisfecho, necesita obtener la victoria para conquistar su objetivo.

Por tanto, debe afrontar riesgos más graves en el intento. El Estado conservador puede conseguir su objetivo simplemente convenciendo al agresor para que deponga su actitud o intento de conquista. Tendrá que convencerlo de que «no merece la pena». Para vencer, en realidad, necesita arruinar la apuesta por la victoria que efectúa el otro bando. Ciertamente, si intentase algo más, correría el riesgo de provocar su propia derrota, ya que se agotaría hasta el punto de volverse incapaz de ofrecer resistencia ante otros enemigos o ante los efectos internos del sobreesfuerzo. Han sido muchas más las naciones que han sucumbido en una guerra víctimas de su propia extenuación que bajo algún atacante extranjero.

Al sopesar estos factores, se aprecia que el dilema con el que debe lidiar un estado conservador es encontrar el tipo de estrategia más apta para cumplir con su objetivo, inherentemente limitado, y hacerlo de forma que conserve el máximo de fuerzas posible. Así no solo asegurará su presente, sino que protegerá su futuro. A primera vista, parecería que el método más económico sería adoptar una actitud puramente defensiva; pero eso implica una defensa estática. Y la experiencia de la historia nos advierte de que ese precisamente es un método peligrosamente frágil como para depositar en él toda la confianza. Lo mejor sería combinar la economía de fuerzas y el efecto disuasorio integrándolos en un método defensivo-ofensivo, basado en la elevada movilidad que brinda la capacidad de dar una réplica rápida.

El Imperio romano de Oriente fue uno de los escenarios donde se diseñó y perfeccionó una estrategia «conservadora» de carácter activo, que sirvió como base de la política bélica. Este hecho explica en buena medida por qué aquel imperio perduró durante tantos siglos, más que ningún otro. Otro ejemplo, más instintivo que razonado, nos lo aporta la estrategia que aplicó Inglaterra en los conflictos donde participó entre los siglos XVI y XIX, cuya base fue el dominio naval. El valor de esta propuesta destaca por cómo las fuerzas británicas lograron crecer al mismo ritmo que su expansión, mientras que todos sus rivales se iban descomponiendo uno por uno, víctimas de la extenuación causada por las guerras. Y las raíces de esa fatiga se hunden en los desmesurados deseos por colmar de inmediato su sed de una victoria indiscutible.

Una larga serie de conflictos bélicos devastadores y agotadores para todas las partes enfrentadas, cuyo ejemplo más sobresaliente sería la guerra de los Treinta Años, llevó, en el siglo XVIII, a que los estadistas se dieran cuenta de que, una vez embarcados en una guerra, era necesario reprimir sus ambiciones y pasiones por el bien de sus propósitos. Por una parte, esta comprensión favoreció que se produjese una limitación tácita de las actividades bélicas, que se evitasen excesos contraproducentes para las perspectivas de la posguerra. Por otra parte, favorecía que se entablasen negociaciones de paz más fácilmente cuando la victoria parecía dudosa. Con frecuencia sucedió que se dejaron cegar por las pasiones y ambiciones, que los perdieron, así que cuando se restablecía la paz, el país estaba más debilitado que fortalecido. Pero habían aprendido a detenerse antes de abocar a la nación al agotamiento absoluto. Además, los acuerdos de paz más satisfactorios, incluso para el bando más fuerte, resultaron ser aquellos que se alcanzaban mediante negociación, en lugar de los logrados tras un episodio militar decisivo.

Esta educación gradual en las limitaciones intrínsecas de la guerra aún seguía en marcha cuando estalló la Revolución francesa, que la interrumpió y propulsó a lo más alto a advenedizos de la política. El Directorio y su sucesor, Napoleón, perseguían una visión: una paz duradera, que se lograría después de encadenar guerra tras guerra durante veinte años. Ese sueño nunca llegó a cumplirse y lo único que propagó fueron el agotamiento y el desplome final del proyecto.

La bancarrota del Imperio napoleónico renovó una lección que la historia ya había enseñado en distintas ocasiones antes. Sin embargo, la confusión del ocaso del mito napoleónico oscureció la impresión que podría haber causado. Cuando llegó la gran guerra en 1914, hacía tiempo que la lección había caído en el olvido. Fue una experiencia amarga, pero no sirvió para que los estadistas que afrontaron la Segunda Guerra Mundial actuasen de forma más sabia.

Aunque la guerra es un fenómeno contrario a la razón, ya que constituye un medio para alcanzar decisiones allí donde es imposible llegar a una solución acordada por medio del diálogo, también es una actividad que debemos controlar mediante la razón si queremos que cumpla con sus objetivos. Tengamos en cuenta que:

• La guerra es un acto físico, pero su dirección es un proceso mental. Cuanto mejor sea la estrategia, más fácil será tomar la iniciativa y menos costes implicará.

- A la inversa, cuantas más fuerzas se malgasten, más crecerá el riesgo de que la balanza se incline a favor del enemigo. Y aunque finalmente se alcanzara la victoria, menores serían las fuerzas para imponer una paz beneficiosa.

- Cuanto más violentos sean los métodos, más enconada será la oposición del adversario, que ofrecerá una resistencia de igual intensidad. Por tanto, cuanto más igualadas estén las fuerzas de los dos contendientes, más recomendable será evitar un enfrentamiento total, que tendería a cimentar el apoyo que las tropas y la población del enemigo prestan a sus dirigentes.

- Más importante que cualquier cálculo: cuanto más se persiga una paz solo beneficiosa para uno mismo, por medio de la dominación, más arduos serán los obstáculos que nos surgirán en el camino.

- Además, si finalmente se alcanzan los objetivos militares, cuantas más exigencias se planteen al bando derrotado, más problemática será la paz y más motivos tendrá el enemigo para intentar resarcirse por todos los medios en un enfrentamiento futuro.

La fuerza es un círculo vicioso (o más bien, una espiral), salvo si controlamos su aplicación mediante cálculos absolutamente cabales y razonados. Así que, al final, la guerra, que comienza negando el poder de la razón, acaba por reivindicarlo. Y ello a lo largo de todas las fases del enfrentamiento.

Para triunfar en los combates es imprescindible el instinto de lucha, aunque siempre debemos mantenerlo a raya estrictamente; conviene subrayar que aquel combatiente que sepa mantener nervios de acero tendrá ventaja frente a quienes ciegue la ira. Si un estadista pierde la cabeza (justo cuando debe ponerla al servicio del consabido instinto), es que no es apto para hacerse cargo del destino de una nación.

En sentido genuino, la victoria implica que después de la guerra las condiciones de la paz y de nuestra propia población sean mejores que antes. Bajo este punto de vista, la victoria solamente es viable si es posible obtener un resultado rápido o si el esfuerzo, aunque prolongado, es económicamente proporcionado respecto a los recursos nacionales. El fin debe ajustarse a los medios. Si carecemos de perspectivas de lograr una victoria así, los políticos sensatos no desperdiciarán ninguna oportunidad para negociar la paz. La paz sobrevenida tras un estancamiento, que se basa en el reconocimiento mutuo de la fuerza del oponente, no es ideal. Pero sí es preferible a la paz fruto de la extenuación de ambos bandos. Y a menudo ha sentado las bases de una paz duradera.

Es más sabio correr los riesgos *de* la guerra en aras de preservar la paz que afrontar los riesgos de la fatiga *en* la guerra con tal de culminar el conflicto con una victoria. Esta es una conclusión que va en contra de la costumbre, pero la experiencia la confirma. En la guerra, la perseverancia solamente es justificable si existe una buena probabilidad de llegar a un final satisfactorio: la perspectiva de una paz que compense el cúmulo de miserias humanas sufridas durante el combate. Desde luego, los estudios en profundidad sobre pasadas experiencias nos llevan a concluir que, a menudo, las naciones se podrían haber acercado más a sus objetivos si hubiesen aprovechado algún momento de respiro entre combates para discutir un acuerdo, en lugar de persistir en la conflagración bélica, buscando la «victoria».

La historia también nos revela que, en muchos casos, habría sido posible lograr una paz beneficiosa si los políticos y estadistas de las naciones contrincantes hubiesen comprendido mejor los factores psicológicos en sus tentativas o «exploraciones» de la paz. Generalmente su actitud ha sido similar a la que se suele observar en las riñas domésticas: las dos partes temen dar la impresión de que ceden y el resultado es que, cuando una de ellas desvela cierta inclinación a la conciliación, habitualmente la expresa en un lenguaje excesivamente rígido, mientras que la otra parte probablemente sea lenta en responder. En cierta medida por orgullo u obstinación, pero también por la tendencia a interpretar ese gesto como señal de debilidad, cuando en realidad es un signo de regreso al sentido común. Así que el momento crucial se evapora y el conflicto continúa, para desgracia de ambas partes. Las continuaciones rara vez rinden ningún beneficio cuando las dos partes están obligadas a convivir bajo un mismo techo. Y esto es aún más cierto para las guerras modernas que para las peleas domésticas, ya que la industrialización de las naciones ha provocado que sus destinos sean inseparables. Corresponde al estamento político cargar con la responsabilidad de no perder jamás de vista cómo será la situación de posguerra mientras persigue el «espejismo de la victoria».

Cuando los dos bandos estén demasiado igualados para que exista una oportunidad razonable de que cualquiera triunfe, será sabio el político que aprenda algo de la psicología de la estrategia. Uno de los principios elementales de la estrategia sostiene que, si nos encontramos al oponente ocupando una posición sólida, de la que será costoso desalojarlo, debemos dejarle una línea de retirada; esa será la vía más rápida para ablandar la resistencia. También debería ser un principio de la política, especialmente en el ámbito bélico: proporcionar al adversario una escalera que le permita descender de la posición que ocupa.

Podría surgir el interrogante sobre si estas conclusiones, derivadas de la historia de las guerras libradas entre Estados considerados como civilizados, son válidas para las condiciones que conllevaría la reaparición del tipo de guerra de naturaleza meramente depredadora que practicaban los asaltantes bárbaros que asolaban el Imperio romano o la guerra mixta (mitad depredadora, mitad religiosa) emprendida por los seguidores fanáticos de Mahoma. En tales conflictos bélicos, cualquier paz negociada tiende a tener menos valor en sí de lo habitual. La historia nos enseña con claridad meridiana que los Estados pocas veces conservan la confianza entre sí, a no ser que las promesas ofrecidas les parezcan acordes con sus propios intereses. Ahora bien, cuanto menos respeto sienta una nación por las obligaciones morales, más tenderá a respetar la fuerza física —el poder disuasorio de una fuerza demasiado potente para desafiarla de forma impune—. Del mismo modo, si nos atenemos al plano individual, la experiencia más común nos dice que los ladrones y abusones dudan en atacar a cualquiera que tenga una fuerza equivalente a la suya... y son mucho más reacios a atacar en este caso que en el de los individuos pacíficos puestos ante la perspectiva de encararse con un agresor que los supera físicamente.

Sería ridículo imaginar que se pueda comprar a los individuos o Estados agresivos (o «apaciguar», en lenguaje moderno), ya que pagar tributos estimula la demanda de más tributos. Pero sí es posible contenerlos y reprimirlos. Su propia fe en la fuerza los vuelve más susceptibles al efecto disuasorio que ejerce una fuerza opositora formidable. Esto supone un mecanismo de control útil, salvo si se enfrenta al fanatismo puro, el tipo de fanatismo que no está diluido por la codicia.

Establecer una paz auténtica con perfiles depredadores resulta muy complicado, es más fácil inducirlos a que acepten una tregua... y también mucho menos agotador que intentar aplastarlos, ya que entonces estarán imbuidos por el coraje que otorga la desesperación, como cualquier ser humano.

La experiencia histórica ofrece numerosos testimonios de que la caída de Estados civilizados no suele ser provocada por la agresión directa de los enemigos, sino por la decadencia interna, combinada con las consecuencias de la extenuación de la guerra. Vivir en un estado de incertidumbre es duro, y a menudo ha empujado a naciones e individuos a cometer suicidio porque se sentían incapaces de soportarlo. Pero es mejor la incertidumbre que llegar a la extenuación, porque se persigue el espejismo de la victoria. Es más: una tregua de las hostilidades permite recuperar fuerzas y desarrollar otras nuevas, mientras que la necesidad de vigilancia ayuda a mantener a la nación alerta.

No obstante, las naciones pacíficas son proclives a cortejar peligros de forma innecesaria, dado que, cuando se excita su ardor guerrero, se inclinan más a los extremos que las naciones de naturaleza depredadora. Estas últimas, que consideran la guerra un medio para obtener ganancias, están más dispuestas a deponer su actitud cuando se topan con un oponente demasiado fuerte, al que no pueden dominar con facilidad. Pero los luchadores abocados a pelear, pese a sus reticencias, suelen acabar llevando el combate hasta sus últimas consecuencias. Por eso, en demasiadas ocasiones arruinan el objetivo que pretendían conquistar, aunque no sufran una derrota directa. Y es que el espíritu de la barbarie solamente se debilita durante un cese de las hostilidades. La guerra lo estimula; es como echar gasolina al fuego.

Guerra de guerrillas

Hace treinta años, en el prefacio a uno de mis libros, acuñé esta máxima: «Si quieres la paz, entiende la guerra». Me parecía que encajaba bien y era necesaria para sustituir al antiguo dicho «Si quieres la paz, prepárate para la guerra», simplista y que con demasiada frecuencia se ha manifestado no solo como una mera incitación a la guerra, sino también como una forma de prepararse, erróneamente, para repetir los métodos empleados en la contienda bélica anterior, en unas condiciones que han cambiado radicalmente.

En la era atómica, la máxima revisada se podría ampliar perfectamente..., pero no como quizás muchos esperen, insertando sin más la palabra «nuclear». Recordemos que, si desatásemos el poder nuclear que hoy existe en lugar de considerarlo solamente como disuasorio, lo que se produciría sería el caos, no la guerra. Porque la guerra es una acción organizada y no podría persistir en un entorno dominado por el caos. Sin embargo, el efecto disuasorio de las armas nucleares no sirve y no se puede aplicar para disuadir de formas de agresión más sutiles. Debido a que es inapropiado para ese propósito, tiende a estimularlas y fomentarlas. Ahora la máxima se debería complementar así: «Si quieres la paz, entiende la guerra, especialmente la de guerrillas y otras formas de guerra subversiva».

Durante el siglo XX, la actividad guerrillera ha cobrado más relevancia que nunca. Solo en este siglo se ha hecho acreedora de una atención más que fugaz en las teorías militares occidentales, aunque es verdad que en épocas anteriores ya era frecuente que se produjesen acciones armadas a cargo de fuerzas irregulares. En su monumental obra *De la guerra*, Clausewitz dedicó un breve capítulo al asunto, casi al final de los treinta que componen el libro VI, que explora los diversos aspectos de la «defensa». Al tratar el fenómeno, la opción de «armar al pueblo» como una medida defensiva contra un invasor, formuló sus condiciones básicas para alcanzar el triunfo y sus limitaciones, pero no abordó los problemas políticos que lleva aparejados. Tampoco hizo referencia alguna al ejemplo de actividad guerrillera que más descolló en los conflictos bélicos de su época. No fue otro que el de la resistencia popular española frente a los ejércitos de Napoleón, precisamente el que propició la entrada de este término en el vocabulario militar.

Un siglo más tarde, el mismo tema fue objeto de un tratamiento más profundo y extenso en la monumental obra de T. E. Lawrence, *Los siete pilares de la sabiduría*. Una formulación magistral de la teoría de la guerra de guerrillas, centrada en su valía como instrumento ofensivo y producto de combinar las reflexiones y las experiencias vividas por su autor durante la Revuelta árabe contra los turcos, vista como lucha por la independencia y también como parte de la campaña de los Aliados contra el Imperio otomano. Esa campaña periférica desarrollada en Oriente Medio fue el único escenario de la Primera Guerra Mundial donde las acciones guerrilleras tuvieron una influencia importante. En los teatros bélicos europeos no tuvo un papel significativo.

Ahora bien, durante la Segunda Guerra Mundial, la guerra de guerrillas se extendió de una forma tan generalizada que se convirtió en un fenómeno casi universal. Surgió y se desarrolló en todos los países europeos ocupados por Alemania y en la mayoría de las naciones de Extremo Oriente ocupadas por Japón. El origen de esa implantación se puede rastrear constatando la honda impresión que Lawrence había causado, especialmente en Churchill. Después de que los alemanes invadieran Francia en 1940 y dejasen aislada a Gran Bretaña, la política bélica de Churchill incorporó la explotación de la guerra de guerrillas como arma. Se dedicaron ramas especiales de los organismos de planificación británicos a la causa de instigar y fomentar los movimientos de «resistencia» en todos los lugares donde Hitler pugnaba por imponer su Nuevo Orden. Tras la serie de conquistas protagonizadas por el Führer y la posterior entrada en la guerra de Japón al lado de Alemania, estos esfuerzos crecieron más y más. Los éxitos que cosecharon fueron dispares. El escenario donde cuajó con más fuerza el movimiento guerrillero fue Yugoslavia, a cargo de los partisanos comunistas croatas, bajo el liderazgo de Tito.

Desde la década de 1920, en Extremo Oriente ya se había librado un conflicto guerrillero más prolongado y amplio, por parte de los comunistas chinos. Entre sus líderes figuraba Mao Tse-tung, quien desempeñó un papel cada vez más dominante. El conflicto se desarrolló en 1927, cuando Chiang Kai-shek, después de derrotar a los señores de la guerra del norte mediante un masivo avance desde Cantón, trató de suprimir a los elementos comunistas integrados en su Ejército Revolucionario Nacional. De 1937 en adelante, las fuerzas nacionalistas y comunistas volvieron a abrazar una causa común y reorientaron la actividad para luchar contra los invasores extranjeros, los japoneses, aunque se trató de una alianza tensa. Los guerrilleros comunistas realizaron una gran contribución para aliviar la presión que los japoneses ejercían sobre las fuerzas regulares de Chiang Kai-shek, hostigando al ejército invasor. Durante esta contienda, los comunistas también actuaron sin perder de vista sus opciones de futuro, propagando su influencia entre la población de las zonas ocupadas de una manera tan eficaz que, cuando Japón finalmente se desmoronó bajo la ofensiva aeronaval estadounidense, se encontraban mejor situados para beneficiarse del resultado y ocupar el vacío dejado por el régimen nacionalista de Chiang Kai-shek.

La apuesta por tomar el poder culminó con un éxito extraordinario. En el plazo de cuatro años tras la salida de las fuerzas japonesas, Mao Tse-tung había obtenido el control completo del territorio continental chino, y durante ese proceso se adueñó de la mayoría de las armas y demás pertrechos que los estadounidenses habían enviado a China para ayudar a Chiang Kai-shek a resistir ante los japoneses y los comunistas chinos. Al mismo tiempo, Mao perfeccionó progresivamente las unidades guerrilleras para transformarlas en regimientos regulares, explotando una combinación de ambas formas de actuar.

Desde entonces, en las áreas vecinas del Sudeste Asiático se ha puesto a prueba la combinación de acciones guerrilleras y guerra subversiva, con éxitos cada vez mayores. También se ha emulado el ejemplo en otras regiones del mundo. En África, empezando por Argelia, en Chipre y al otro lado del Atlántico, en Cuba. Todo parece indicar que las campañas de este cariz continuarán, ya que encajan con las condiciones de la era moderna y, al mismo tiempo, son apropiadas para aprovechar las ventajas que ofrecen el malestar social, la agitación racial y el fervor nacionalista.

El desarrollo de la actividad guerrillera y la guerra subversiva se intensificó al magnificarse la capacidad de las armas nucleares. Especialmente con la irrupción de la bomba termonuclear de hidrógeno en 1954 y la decisión que tomó simultáneamente el Gobierno de los Estados Unidos para adoptar la política y la estrategia de «represalia masiva» como elemento disuasorio frente a cualquier clase de agresión. Fue entonces cuando el vicepresidente Nixon anunció: «Hemos adoptado un nuevo principio. En lugar de permitir que los comunistas nos roan en pequeñas guerras por el mundo hasta la muerte, en el futuro dispondremos de un poder de represalia móvil masiva». La amenaza implícita de utilizar armas nucleares para reprimir la actividad guerrillera era tan absurda como matar moscas a cañonazos. Esta política no tenía sentido y el efecto natural fue estimular y fomentar las formas de agresión por erosión, que no es viable contrarrestar con el armamento nuclear.

No era difícil prever que esas serían las secuelas, aunque no resultaron evidentes para el presidente Eisenhower y sus asesores cuando adoptaron lo que vino en llamarse el New Look y tomaron la decisión de basarse en la «represalia masiva». No hay mejor manera de explicar que esta era la consecuencia obvia que repetir (en forma abreviada) lo que yo mismo escribí entonces, como crítica a su conclusión y su decisión.

El tema más urgente y fundamental sobre el que es preciso que nos aclaremos *ahora* es la cuestión de lo que se conoce como estrategia y política militar New Look. Este asunto de vital importancia está estrechamente ligado a la aparición de la bomba de hidrógeno. La bomba H atenúa la probabilidad de que estalle una guerra a gran escala, pero en la misma medida incrementa la probabilidad de que surjan conflictos bélicos de alcance limitado, caracterizados por agresiones locales generalizadas. El enemigo puede explotar una selección de técnicas, que difieren en sus patrones, pero están todas concebidas para avanzar en sus propósitos al mismo tiempo que siembra dudas sobre si emplear las bombas H o bombas atómicas como medio para contrarrestarlos.

Puede tratarse de una agresión desarrollada a un ritmo limitado, como un proceso gradual de invasión. O puede desarrollarse a un ritmo vivo, pero limitando la profundidad, como bocados pequeños y rápidos, seguidos de inmediato por ofertas de negociación. Podría asumir la forma de una acción de densidad limitada, como una infiltración múltiple a cargo de partículas tan minúsculas que formarían una suerte de vapor intangible. En resumen, la invención de la bomba H ha mermado nuestra capacidad de resistir a las agresiones comunistas. Y esa es una consecuencia muy grave.

Ahora dependemos más de las armas convencionales para contener la amenaza. Pero esa conclusión no implica automáticamente que debamos retrotraernos a métodos convencionales, sino que debería servir de incentivo para que desarrollemos otros más innovadores.

Hemos entrado en una nueva era de la estrategia, muy distinta de lo que suponían los adalides de las armas atómicas, que eran los revolucionarios de la era inmediatamente anterior. La estrategia que ahora desarrollan nuestros oponentes se inspira en la idea dual de evadir y maniatar la superioridad aérea. Lo irónico es que, cuanto más hemos profundizado en el efecto «masivo» de las armas para un bombardeo, más hemos contribuido al progreso de esta nueva estrategia de espíritu guerrillero.

Nuestra estrategia debería basarse en una comprensión clara de este concepto, y será preciso reorientar nuestra política militar. Hay un ámbito para concebir una contraestrategia acorde con estas necesidades y podemos desarrollarlo de manera efectiva.

Llevó tiempo tomar conciencia de estos factores y de las implicaciones que acarrean, aunque la tarea se agilizó rápidamente con la llegada de la administración Kennedy en 1961. En mayo, el presidente se dirigió al Congreso y anunció que iba a «dar órdenes al secretario de Defensa para que expandiese de inmediato y de forma sustancial la orientación de las fuerzas existentes para llevar a cabo misiones bélicas no nucleares, operaciones paramilitares y librar guerras de baja intensidad o no convencionales, en cooperación con nuestros aliados». El secretario de Defensa, el señor McNamara, mencionó un «incremento del 150 % en el tamaño de nuestras fuerzas antiguerrilleras», al tiempo que la nueva Administración afirmaba contemplar la ayuda a grupos guerrilleros extranjeros que operasen contra regímenes comunistas.

El proverbio «Hombre prevenido vale por dos» se aplica aún con más fuerza a los conflictos guerrilleros o a las guerras de baja intensidad que a las guerras convencionales conocidas hasta ahora. La base de esa preparación consiste en comprender la teoría y estar familiarizados con las experiencias históricas de esta modalidad bélica, junto con un conocimiento profundo de la situación particular donde el conflicto podría surgir o está en curso.

La guerra de guerrillas siempre debe ser dinámica y mantener su ímpetu. Los episodios estáticos son más perjudiciales para sus fines que en la guerra convencional, ya que permiten que el oponente afiance el control que posee sobre el país y deje descansar a las tropas. Además, esas pausas tienden a atenuar el impulso de la población por unirse o ayudar a los guerrilleros. En la actividad guerrillera no hay sitio para la defensa estática, y la defensa fija tampoco tiene lugar, salvo como recurso momentáneo a la hora de tender una emboscada.

La acción guerrillera revierte las prácticas bélicas habituales. En el plano de la estrategia, procura evitar las batallas; en el plano táctico, rehúye cualquier enfrentamiento donde corra un serio peligro de sufrir bajas. Tengamos en cuenta que las emboscadas son muy distintas de las batallas. En estas últimas, los mejores líderes y hombres tienen una probabilidad desproporcionadamente mayor de sufrir daños que la que afronta el resto de las fuerzas partisanas. Por tanto, el movimiento en conjunto corre el riesgo de resultar mutilado y de que se extinga la llama de su lucha. El mejor término para definir sus operaciones es «golpear y escapar», pues es más amplio. Y es que una multitud de pequeños golpes y amenazas puede causar un efecto mayor, para desequilibrar e inclinar la balanza a su favor, que un número reducido de grandes golpes. La pluralidad provoca que el enemigo afronte más distracciones, alteraciones y desmoralización. Además causa un mayor impacto entre la población. La receta secreta para el éxito de una campaña de este tipo es: ubicuidad e intangibilidad. Añadamos que el método basado en atacar rápido y salir huyendo suele ser el más eficaz para cumplir el propósito ofensivo de atraer al enemigo hacia una emboscada.

Hay que mencionar que la guerra de guerrillas también revierte uno de los principios de la guerra ortodoxa, el de «concentración», y lo hace en ambos bandos. Para que la guerrilla sobreviva y tenga posibilidades de triunfar, la dispersión es indispensable. Jamás debe ofrecer un blanco claro, así que está obligada a operar en partículas diminutas, si bien estas pueden coagular en un momento dado, como gotas de mercurio, para arrollar a un objetivo poco protegido. Los guerrilleros deben reemplazar el principio de «concentración» por el de «fluidez de las fuerzas», que también habrán de adoptar y modificar las fuerzas regulares cuando deban actuar bajo el riesgo de un bombardeo con armas nucleares. Igualmente, la dispersión es necesaria en el bando que se oponga a los guerrilleros, ya que concentrar efectivos en formaciones densas y espacios estrechos para plantar cara a fuerzas tan esquivas, ágiles como mosquitos, no serviría de nada. La única oportunidad de frenarlas radica, en buena medida, en la capacidad de tender una red de hilos finos, pero con una malla bien tupida que abarque la mayor área posible. Cuanto más extensa sea la red de control, más probabilidades tendrán de triunfar las operaciones antiguerrilleras.

En la guerra de guerrillas, la relación entre espacio y fuerzas es un factor clave. Lawrence lo expuso con total claridad en su cálculo matemático sobre la Revuelta árabe. Según él, para mantener la revuelta a raya, los turcos «habrían necesitado contar con un puesto fortificado por cada diez kilómetros cuadrados. Y cada puesto debía contar con veinte hombres como mínimo». Así que habrían hecho falta 600 000 soldados para cubrir el área que trataban de mantener bajo control, pero solamente había 100 000 disponibles. «Sobre el papel no había dudas: acabaríamos triunfando, demostrable con lápiz y papel, en cuanto supiésemos cuál era la proporción entre espacio y efectivos». Este cálculo, aunque fuese una simplificación excesiva, plasma una verdad general. La relación entre espacio y fuerzas es un factor básico, aunque el producto varía según las características del país y de la movilidad relativa de ambos bandos, así como de su moral. Un terreno accidentado o boscoso sería el más favorable para los guerrilleros. El valor de los desiertos ha descendido con la aparición de las fuerzas terrestres mecanizadas y las fuerzas aéreas. Las áreas urbanas presentan una mezcla de ventajas e inconvenientes, pero en promedio tienden a ser desfavorables para las operaciones guerrilleras, aunque sí son territorio propicio para una campaña de naturaleza subversiva.

Aunque el bosque y el terreno accidentado son los parajes más adecuados para la seguridad de los guerrilleros por sus rasgos naturales y proporcionan más oportunidades de sorprender al adversario, también tienen inconvenientes. Este tipo de lugares suele ser de difícil acceso para las rutas de suministros y estar alejado de los objetivos clave. Entre esos objetivos no solo figuran los blancos encarnados por las fuerzas de ocupación —especialmente sus comunicaciones—, sino también las poblaciones a las que hay que convencer para que colaboren contra el poder ocupante. Un movimiento guerrillero que anteponga su propia seguridad a los fines por los que lucha se marchitará en poco tiempo. Su estrategia siempre debe ir enfocada a obligar al enemigo a sobredimensionarse, a estirar y exigir demasiado a sus fuerzas, física y moralmente.

Los factores matemáticos de base geográfica y la situación que se representa en la relación entre espacio y fuerzas no se pueden desligar de los factores políticos de base psicológica y su contexto. Pensemos que tanto las perspectivas como el progreso de un movimiento guerrillero dependen de la actitud de la población que reside en el área donde tiene lugar la lucha, de su predisposición a ayudarlos proporcionando información y suministros a los guerrilleros, contribuyendo a esconderlos y ocultando información a las fuerzas de ocupación. Un requisito fundamental para triunfar es que se logre mantener al enemigo «a oscuras», ciego mientras los guerrilleros operan a la luz, porque conocen mejor el terreno y disponen de noticias fiables sobre los dispositivos y movimientos del enemigo. Esa luz mental se vuelve todavía más perentoria porque las maniobras de la guerrilla deben ejecutarse principalmente de noche, para garantizar la seguridad y el efecto sorpresa. La medida en que obtendrán los detalles y las noticias rápidas que necesitan dependerá del grado de eficacia a la hora de ganarse la colaboración de la población local.

En una guerra de guerrillas tan solo combaten unos pocos, pero dependen del apoyo de muchos. Aunque en sí misma es la forma de acción más individualista, para que opere con eficacia y alcance sus objetivos es imprescindible que cuente con el respaldo colectivo y la simpatía de las masas. Por eso suele ser más eficaz cuando incorpora una apelación a la resistencia nacional o el deseo de independencia con un llamamiento a una población presa del descontento social y económico. De este modo se vuelve revolucionaria en su sentido más amplio.

En el pasado, la guerra de guerrillas ha sido un arma de los bandos más débiles y, por tanto, de carácter primordialmente defensivo. Pero en la era atómica, puede desarrollarse cada vez más como forma de agresión apta para explotar las condiciones de estancamiento. Por tanto, el concepto de «guerra fría» queda anticuado; deberíamos sustituirlo por el de «guerra camuflada».

Esta conclusión muy general, sin embargo, nos lleva a una cuestión más profunda, de gran alcance. Sería razonable que los estadistas y estrategas de los países occidentales «aprendiesen de la historia» y evitasen cometer los errores del pasado cuando traten de concebir una contraestrategia para este tipo de conflictos.

La gran extensión de este tipo de guerra durante los últimos veinte años ha sido, en gran medida, resultado de la política de guerra adoptada en 1940 por Gran Bretaña bajo el liderazgo de Churchill, destinada a instigar y fomentar revueltas populares en países ocupados, para combatir a los alemanes. Una política que se extendió después al Extremo Oriente, para contrarrestar a Japón.

Se adoptó con gran entusiasmo y escaso cuestionamiento. Una vez que la marea alemana había inundado la mayor parte del continente europeo, parecía el camino más obvio para debilitar el dominio de Hitler. Era exactamente el tipo de acción que mejor encajaba con la mentalidad y el temperamento de Churchill. Además de su combatividad instintiva y de su resolución inquebrantable por derrotar a Hitler (sin pensar en lo que podría acontecer después), habían colaborado y Churchill le admiraba. En ese momento vio la oportunidad de poner en práctica lo que el propio Lawrence había probado en una región relativamente limitada del mundo árabe. Pero esta vez sería en Europa y a gran escala.

Cuestionar si esa política era deseable daría la impresión de falta de carácter resolutivo, parecería poco patriótico. Pocos se atreverían a correr el riesgo de arrostrar esa imputación, aunque se dudase precisamente de la eficacia de esa política para recuperar Europa. La guerra es un asunto que siempre implica hacer el mal esperando obtener un resultado que favorezca al bien; es muy difícil ponerse a discernir los detalles sin que parezca que nos flaquea la determinación. Es más: a menudo, tomar la línea más prudente en plena batalla supone un error, porque precisamente es la línea que más habitualmente se sigue, así que no goza de demasiado crédito en los niveles jerárquicos más altos de la política bélica. Allí se suele contemplar como una opción razonable, pero que goza de escasa popularidad. En pleno combate enfervorizado, la opinión pública anhela que se tomen las medidas más drásticas, sean cuales sean sus consecuencias.

¿Y cuáles fueron los resultados? Es indudable que la resistencia armada creó muchos quebraderos de cabeza a los alemanes. En Europa occidental, donde más se notó la presión fue en Francia. También demostraron ser una grave amenaza para las comunicaciones alemanas en Europa oriental y los Balcanes. El mejor homenaje a sus logros lo rinden las pruebas que nos proporcionan los comandantes alemanes. Al igual que los mandos británicos destacados en Irlanda durante los episodios insurreccionales de las primeras décadas del siglo XX, eran profundamente conscientes de la preocupación y la carga de trabajo que suponía soportar los golpes de las guerrillas, que atacaban desde la nada y eran protegidos por la población local.

Pero si analizásemos estas campañas, desarrolladas más allá de las líneas del adversario, parecería que sus efectos, en buena parte, fueron proporcionales al grado en que se combinaron con las operaciones de un ejército regular fuerte que combatía al enemigo en el frente y drenaba sus reservas. En pocas ocasiones fueron algo más que una mera molestia, salvo cuando coincidieron con el despliegue o la amenaza inminente de una ofensiva potente que absorbiese la atención del adversario.

En otros casos fueron menos eficaces que la resistencia pasiva generalizada y causaron mucho más daño a los habitantes de su propio país. Provocaron represalias mucho más crueles que los daños que infligieron al oponente. Así les dieron a las tropas de ocupación la oportunidad de incurrir en la violencia, lo que siempre supone un alivio para los nervios de las guarniciones estacionadas en países hostiles. Los daños materiales que los grupos guerrilleros causaron directamente, y también indirectamente en el transcurso de las represalias, fueron germen de grandes padecimientos para sus compatriotas y, en última instancia, se revelaron como inconvenientes para la recuperación después de la liberación.

Pero el mayor obstáculo de todos, y también el más duradero, fue de naturaleza moral. El movimiento de resistencia armada atrajo a muchos personajes de dudosa calaña. Les dio licencia para abandonarse a sus vicios y liquidar las cuentas pendientes bajo la excusa del patriotismo, con lo cual se reforzó nuevamente la histórica advertencia del doctor Johnson, según la cual «el patriotismo es el último refugio de los canallas». Aún peores fueron los amplios efectos que tuvo sobre las generaciones más jóvenes en conjunto. Les enseñó a desafiar a la autoridad y romper las reglas de la moralidad cívica en la lucha contra las fuerzas de ocupación. Al final, así cuajó una falta de respeto por la ley y el orden que, inevitablemente, perduró aún después de la marcha de los invasores.

La violencia tiene raíces mucho más profundas en los conflictos bélicos irregulares que en las guerras convencionales. En estas últimas, se contrarresta por medio de la obediencia debida a una autoridad constituida, mientras que, en los primeros, retar a la autoridad e infringir las normas constituyen virtudes. Y resulta muy laborioso reconstruir un país y reestructurar un Estado estable cuando sus cimientos han sido socavados por una experiencia de este cariz.

Mientras reflexionaba sobre las campañas de Lawrence en Arabia y revisitaba nuestra discusión acerca del tema, caí en la cuenta de las peligrosas repercusiones que comporta la guerra de guerrillas. Durante la última guerra, numerosos líderes de comandos, unidades especiales y movimientos de resistencia tomaron como guía el libro que dediqué a esas campañas, una exposición de la teoría de la guerra de guerrillas. Wingate, que por entonces no era más que un capitán que servía en Palestina, acudió a verme poco antes de que estallase el conflicto. Era obvio que le entusiasmaba la idea de trasladar la teoría a la práctica, implantándola nuevamente y con más amplitud. Pero yo ya empezaba a tener mis dudas. No tanto de su eficacia inmediata, sino debido a los efectos a largo plazo. Parecía que se podrían rastrear, como si tirásemos de un hilo, que ligaba todos los problemas persistentes que nosotros, sucesores de los otomanos, estábamos sufriendo en la misma región donde Lawrence había propagado la Revuelta árabe.

Las dudas se intensificaron al reexaminar la historia militar de la guerra de la Independencia española, ocurrida un siglo antes, y meditar sobre la historia posterior de España. En aquel conflicto, la derrota sufrida por el ejército regular español frente a Napoleón fue contrarrestada por el éxito de las partidas de guerrilleros que ocuparon su lugar. Si contemplamos la guerra como un levantamiento popular contra un conquistador extranjero, fue uno de los más eficientes que se conocen. Contribuyó más que las victorias de Wellington a minar el control de Napoleón sobre España y socavar su poder. Pero no trajo como resultado la paz a la España liberada, ya que a la guerra siguió una epidemia de insurrecciones armadas concatenadas rápidamente, durante medio siglo y volvieron a estallar en el xx.

Otro ejemplo ominoso fue la forma en que los cuerpos de *franctireurs* creados en Francia en 1870 para hostigar a los invasores alemanes se convirtieron en un bumerán. No habían sido más que un incordio para los invasores, pero crecieron hasta alzarse como un instrumento del triste conflicto fratricida conocido como la Comuna. Además, a lo largo de la historia posterior de Francia, el legado de la acción «al margen de la ley» ha constituido una fuente constante de debilidad.

Los responsables de planear las insurrecciones violentas como parte de nuestra política bélica omitieron demasiado a la ligera estas lecciones históricas. Las repercusiones han tenido efectos demoledores durante los años de posguerra en la política de paz de la Alianza occidental. Y no solo por proporcionar equipamiento y estímulos a los movimientos antioccidentales en Asia y África. En el caso de Francia, desde un momento muy temprano, fue visible que el efecto militar de los maquis como instrumento contra los alemanes era descompensado, ya que los efectos negativos en las esferas política y moral en el futuro sobrepasarían su utilidad. Y este mal ha continuado propagándose. En conjunción con una visión y un tratamiento poco realistas de los problemas externos, ha minado la estabilidad de Francia y, con ello, ha debilitado peligrosamente la posición de la OTAN.

No es demasiado tarde para aprender de la experiencia de la historia. Por tentadora que pueda parecer la idea de responder a las «guerras camufladas» que plantean nuestros oponentes con contraofensivas del mismo género, sería más aconsejable concebir y perseguir una contraestrategia más sutil y de miras más amplias. En cualquier caso, es necesario que quienes definen el marco de la política y la aplican comprendan mejor el tema que en ocasiones pasadas.

¿POR QUÉ NO APRENDEMOS DE LA HISTORIA?

Traducción de
FERNANDO CALVO GONZÁLEZ-REGUERAL

Prefacio

Si existe algún valor en una visión tan personal como la que yo pueda ofrecer sobre la materia, se debe principalmente a la fortuna de mis circunstancias personales. Al igual que la gran mayoría de las personas, he tenido que ganarme la vida trabajando, si bien ha sido siempre con el raro privilegio de intentar descubrir la verdad de los hechos en lugar de tratar de encubrirla, algo a lo que tantos otros se ven impelidos contra su voluntad por los condicionantes de su oficio.

Escribir historia es ardua tarea y una de las más agotadoras. Más que cualquier otro tipo de escritura, requiere lo que Sinclair Lewis, en respuesta a la pregunta de un joven, definió acertadamente como el secreto del éxito: «Permanecer atado a la silla tanto tiempo como sea necesario».

Escribir historia es, también, el más exasperante de los afanes. Justo cuando uno cree haber desenmarañado una cadena de evidencias, tropieza con una nueva complicación. Además, es sumamente fácil quedar otra vez enredado o toparse con algún dato incómodo e incontrovertible precisamente cuando uno parecía estar llegando a una conclusión irrefutable.

¿Cuáles son, entonces, las compensaciones? Primero, se trata de una búsqueda que entraña emoción e interés continuos, al igual que esos relatos detectivescos inacables en los que uno se convierte en partícipe de la trama antes que en mero lector.

En segundo lugar, tan constante ejercicio es el mejor tratamiento para la artritis mental, esa enfermedad profesional propia de trabajos más repetitivos. Y, tercero, sobre todo es la menos frustrante de las ocupaciones en el ámbito estrictamente personal o vital.

Una consideración más en referencia a la escritura de la historia: esta debería ser siempre manuscrita, nunca dictada, pues es importante tener a la vista lo que se ha redactado en párrafos anteriores para velar por el equilibrio del conjunto y de las relaciones internas del texto, además de por una cuestión de estilo.

Yo enfatizaría el valor fundamental que la historia tiene para los propios individuos. Como afirmó Burckhardt, la confianza que depositamos en la experiencia se basa en que esta debería «hacernos no solo más perspicaces (para la próxima vez), sino más sabios (para siempre)». La historia nos enseña, así, toda una filosofía personal.

Hace más de dos mil años, Polibio, el más renombrado de todos los historiadores de la Antigüedad, comenzaba su *Historia* con la sentencia de que «el más instructivo, cuando no el único, método de aprendizaje para poder soportar con ánimo las vicisitudes de la fortuna es estudiar las infelicidades ajenas». Y, en ese sentido, la historia es la mejor ayuda en la medida en que nos recuerda con cuánta frecuencia las cosas pueden ir mal.

Una visión histórica de largo plazo nos ayuda no solo a mantener la calma en tiempos turbulentos, también nos recuerda que siempre hay luz al final del túnel. Incluso cuando no somos capaces de vislumbrar un rayo de esperanza, el interés histórico sobre lo que ocurrirá nos permite continuar avanzando. Para una persona reflexiva, este podría ser freno suficiente para evitar sentimientos autodestructivos.

Añadiría, finalmente, que en nuestros días la única esperanza para la humanidad sería que mi particular campo de estudio, la guerra, se convirtiera en una materia de interés puramente arqueológico. Porque con el advenimiento de las armas atómicas estamos obligados más que nunca a llegar, universal y colectivamente, a escribir la última página del libro de historia de la guerra, so pena de que sea la última de la historia.

Historia y verdad

El valor de la historia

¿Cuál es el objeto de la historia? Yo respondería, simple y llanamente, que la «verdad». Esta es una palabra —y una idea— que han pasado de moda. Pero los resultados de descartar la posibilidad de alcanzar la verdad son peores que los de soñar con ello.

Expresado de una forma más cautelosa, el propósito de la historia sería el siguiente: descubrir lo que ocurrió mientras intentamos descubrir por qué ocurrió. En otras palabras, buscar las relaciones causales entre los hechos del pasado.

La historia tiene, sin embargo, sus limitaciones como hito de señalización, pues, aunque pueda indicarnos la dirección correcta, no nos proporciona información detallada sobre las condiciones de la ruta.

Más definitorio es aún su valor negativo como señal de alarma. Porque la historia, incluso sin enseñarnos exactamente qué hacer, sí nos advierte de los errores más comunes que la humanidad puede cometer y repetir.

Un segundo propósito reside en el valor práctico de la historia. «Los necios —decía Bismarck parafraseando a Diodoro— afirman que aprenden de la experiencia. Yo prefiero aprovecharme de la experiencia ajena». El estudio de la historia nos ofrece esa posibilidad, pues es la experiencia universal, infinitamente más amplia, profunda y variada que la de cualquier individuo.

A menudo escuchamos a la gente proclamar un mayor conocimiento solo por tener más edad o más experiencia. Los chinos, especialmente, respetan la edad con veneración, y sostienen que una persona mayor de ochenta años ha de ser más sabia que otras. Pero ochenta años no es nada para el estudioso de la historia, porque no existe excusa para que cualquier persona cultivada no tenga en consideración al menos tres mil años de antigüedad.

La cuestión fue bien planteada por Polibio:

> Existen dos caminos para que los hombres rectifiquen sus defectos: uno es a través de sus propios infortunios, el otro a través de los ajenos. Si el primero es más eficaz, el segundo es sin duda menos doloroso. [Por tanto,] y siempre que sea posible, deberíamos recorrer este último camino, pues sin riesgo alguno nos permite ver con claridad el mejor curso a seguir. [...] El conocimiento así adquirido en el estudio de la verdadera historia es el mejor de todos los aprendizajes para la vida.

La validez práctica de su advertencia se me quedó grabada hasta el punto de tenerla siempre en consideración dentro de mi propio ámbito de estudio. Los principales adelantos que tomaron por sorpresa a los Altos Estados Mayores durante la Primera Guerra Mundial podrían haber sido previstos mediante el estudio detallado de los conflictos del medio siglo precedente. ¿Por qué no lo hicieron? En parte porque la capacidad de estudio de esos Estados Mayores era muy estrecha, en parte porque sus propios intereses y sentimientos profesionales los cegaron. Sin embargo, esos desarrollos tan «sorprendentes» sí fueron deducidos con acierto del estudio de las guerras precedentes por ciertos investigadores no académicos y libres de ataduras, como Ivan Bloch, un banquero polaco, o el capitán Mayer, tratadista militar francés.

Así que, en el estudio de los problemas bélicos planteados en las décadas posteriores, siempre traté de realizar una proyección desde el pasado hacia el futuro, pasando por el presente. Mis vaticinios acerca de los adelantos decisivos de la Segunda Guerra Mundial deben más a la aplicación práctica del método histórico que a cualquier idea brillante de mi propia cosecha.

La historia es el registro de los pasos y tropiezos del ser humano. Nos muestra que los pasos han sido lentos y cortos, pero los tropiezos, rápidos y abundantes. Ello nos brinda la oportunidad de beneficiarnos de esos resbalones y caídas de nuestros predecesores. La conciencia de las propias limitaciones debería llevarnos a ser benevolentes a la hora de condenar a aquellos que cometieron errores y censurarnos, sin embargo, a nosotros mismos si fracasamos en reconocer los nuestros.

Existe una tendencia demasiado común a considerar la historia como una asignatura especializada, y este es el principal error. Porque, muy al contrario, la historia es el mejor remedio contra cualquier especialización. Vista con propiedad, es el más amplio de los conocimientos, pues abarca todos y cada uno de los aspectos de la vida. Sienta las bases de la educación al mostrar cómo la humanidad repite sus errores y al identificarlos.

La importancia de la historia militar

Hace ochenta años, en su célebre *Historia del pueblo inglés*, John Richard Green afirmaba que «la guerra juega solo un pequeño papel en la historia real de las naciones europeas, y en la de Inglaterra en particular ese papel es menor que en ninguna otra». Era una sentencia asombrosamente antihistórica. Y, leída hoy, posee una ironía demoledora.

Tal visión puede considerarse una de las causas de nuestros problemas. Porque en las generaciones más recientes, y al contrario de lo ocurrido con los grandes hallazgos habidos en otras ramas del conocimiento, el estudio científico de la guerra ha recibido muy poca atención en las universidades y escasa ayuda por parte de estas o de las administraciones públicas.

Esta negligencia de la universidad tiene una conexión estrecha con la moda de la historia evolutiva y del determinismo económico, que tienden a sugerir la independencia de los movimientos históricos con respecto a los individuos y los hechos accidentales; que «los capitanes y los reyes» no cuentan tanto, y que, en definitiva, las corrientes de la historia han fluido imperturbables a sus acciones.

El absurdo es palpable. ¿Puede alguien creerse que la historia del mundo habría sido igual si los persas hubieran conquistado Grecia; si Aníbal hubiese ocupado Roma; si César hubiera dudado a la hora de cruzar el Rubicón; si Napoleón hubiese muerto en el sitio de Tolón? ¿Puede alguien llegar a creer que la historia de Inglaterra no se habría visto afectada si Guillermo de Normandía hubiera sido batido en Hastings, o si, más recientemente, Hitler hubiese alcanzado Dover en lugar de detenerse en Dunquerque?

El catálogo de acontecimientos catastróficos y «accidentes» trascendentales es inacabable. Pero entre todos esos factores causantes de cambios bruscos en el curso de la historia, los bélicos han sido curiosamente los menos accidentales.

En realidad, la razón ha tenido una mayor influencia que el azar en las guerras decisivas de la historia. Una doctrina original o creativa ha contado con frecuencia más que el propio valor; más, incluso, que un liderazgo destacado. Es un hábito romántico atribuir a la inspiración en el transcurso de la batalla los méritos que realmente se deben a semillas plantadas tiempo atrás en forma de adelantos en la práctica militar por parte de los vencedores o a una decadencia inevitable en la de los vencidos.

A diferencia de lo que ocurre en otras profesiones, no es habitual que el soldado «de carrera» pueda poner en práctica su oficio. Es más, podría argüirse incluso que, en un sentido literal, el oficio de las armas no es ni siquiera una profesión, sino un mero «empleo eventual», y que, paradójicamente, dejó de ser una ocupación cuando las tropas de mercenarios a las que se contrataba y pagaba para participar en una guerra fueron reemplazadas por ejércitos permanentes a los que se seguía manteniendo en tiempos de paz.

Si bien dicho argumento —el de que en sentido estricto no existe nada semejante al «oficio de las armas»— no se sustenta en términos de trabajo real en la mayoría de los ejércitos modernos, no hay duda de que desde el punto de vista práctico se ha visto inevitablemente reforzado, puesto que las guerras han ido a menos, si bien se han tornado más devastadoras en comparación con lo que sucedía en la Antigüedad. Y es que incluso la mejor de las maniobras militares de instrucción en tiempos de paz tiene más de «teórica» que de «práctica».

Pero el aforismo de Bismarck arroja una luz diferente y más esclarecedora sobre el problema. Nos ayuda a darnos cuenta de que existen dos formas de experiencia práctica, la directa y la indirecta, y que, de entre las dos, la indirecta puede ser la más valiosa por infinitamente más amplia. Incluso en la más activa de las profesiones, especialmente en el oficio de soldado, el espectro y las posibilidades de obtener una experiencia directa son muy limitados. En contraste con la militar, la profesión médica proporciona una práctica incesante. Así y todo, los grandes avances en medicina y cirugía han llegado más a menudo de la mano del científico y del investigador teórico que del médico que ejerce.

La experiencia directa es en sí misma demasiado limitada como para conformar una base de conocimiento adecuada, ya sea para un desarrollo teórico como para una aplicación real. En el mejor de los casos, proporciona un entorno adecuado para la sedimentación y el fortalecimiento de ciertas estructuras de pensamiento. El valor añadido de la experiencia indirecta radica en que es más variada y amplia. Porque «la historia es experiencia universal», no solamente la experiencia de otro, sino la de muchos otros bajo múltiples circunstancias.

Esta es la justificación racional para que la historia militar sea la base de la formación castrense: su valor preponderantemente práctico en la instrucción y en el desarrollo moral del soldado. Pero sus beneficios dependen, como ocurre con cualquier tipo de experiencia, de su amplitud, de lo mucho que se acerque a la definición ya citada y al método que se siga para estudiarla.

Todo militar considera una verdad universal ese dicho tan citado en el que Napoleón afirmaba que, en la guerra, «la moral es a lo físico como tres a uno». Una proporción aritmética que en la realidad puede carecer de valor, puesto que la moral tiende a decaer si las armas no son las adecuadas, y de poco sirve la más firme voluntad en un cuerpo inerte. Pero, aunque los factores espirituales y físicos son inseparables e indivisibles, el dicho es imperecedero porque expresa la idea de la preeminencia de esos componentes intangibles en todas las decisiones militares.

En torno a ellos gira siempre la problemática de la guerra y la batalla. En la historia de la guerra, los factores morales son los más constantes, solo cambian en intensidad, mientras que los factores materiales son diferentes en casi todos los conflictos y en casi todos los enfrentamientos bélicos.

La exploración de la historia

Los beneficios de la historia dependen de mantener una visión amplia, sin menoscabo de los estudios profundos. Profundizar en un determinado tema es un entrenamiento tan valioso como necesario. Es, de hecho, el único camino para aprender el método de la investigación histórica. Pero a medida que uno profundiza, debe seguir manteniendo esa visión amplia. Esto es esencial para apreciar el significado real de los datos que se descubren, pues de otra forma «los árboles nos impedirían ver el bosque».

La creciente especialización de la historia ha contribuido a deteriorar su inteligibilidad en perjuicio del bien común, también el de la reducida comunidad formada por los historiadores profesionales.

Para cualquier historiador es una experiencia muy útil haber vivido en el mundo real de los hechos y haber visto retazos de historia en acción. Y no cabe olvidar la relevancia que pueden llegar a tener factores accidentales, un dolor inoportuno, una riña repentina, una aversión personal, una querella doméstica, e incluso la influencia de «la hora del almuerzo».

La comprensión de los hechos pasados se apoya en el análisis de ciertos eventos de la experiencia presente. Yo mismo he tenido la fortuna de entrever algunos retazos de historia en ciernes muy de cerca, pero desde la cómoda posición del espectador que, de acuerdo con el dicho, «ve la mayor parte del juego». Esa experiencia me ha enseñado que a menudo se trata de un juego de azar, si los efectos producidos por una querella doméstica, una aversión personal, una riña repentina o cualquier otra contrariedad pueden ser considerados como accidentales. Y quizá la más poderosa de tales influencias accidentales sobre el curso de la historia sea, precisamente, la hora del almuerzo.

Tras haber participado en muchas reuniones de trabajo de todo tipo, he podido comprobar con qué frecuencia el examen mesurado de un problema se ha visto alterado, y se ha precipitado una decisión —a veces muy contraria a la tendencia de opinión inicial—, por el hecho de que la mayoría de los asistentes tenían compromisos para almorzar..., mientras que algún disidente aprovechaba a su favor el correr del tiempo para consolidar sus posturas. Los más perspicaces han desarrollado toda una artimaña que consiste en plantear tardíamente sus propuestas sabiendo que los participantes del comité estarán más dispuestos a aceptarlas a medida que se acerque la hora de comer. Fue Napoleón quien dijo que un ejército marcha sobre su estómago. Desde mi atalaya, yo me inclinaría a acuñar una sentencia suplementaria, tal que «la historia marcha sobre los estómagos de los estadistas».

Esta observación posee implicaciones que van más allá del sentido meramente temporal. Los japoneses localizan la virtud del valor en el estómago, y tal punto de vista parece respaldado por una amplia evidencia extraída de la historia militar en virtud de la cual el espíritu de lucha de las tropas depende —y varía con— el estado de sus estómagos. La fuente de las pasiones también radica en esa víscera. Todo ello expresa hasta qué punto mente y moral dependen del estado físico en el natural discurrir de las vivencias humanas. Y por todo ello el historiador está impelido a tener en cuenta cómo la causalidad de los acontecimientos de los que depende el destino de las naciones no está regida por juicios racionales, sino por momentáneos impulsos emocionales, así como por mezquinas consideraciones de índole personal.

Otro riesgo que corren los historiadores «ermitaños» es el de la excesiva confianza que depositan en los documentos. Los protagonistas de los hechos suelen ser muy conscientes de su propia reputación —y están preocupados por ella— de cara a la historia. Por ello, muchos documentos se escriben para engañar u ocultar algo. Más: los conflictos que tienen lugar entre bastidores, y los que deciden en gran medida una cuestión determinada, raramente dejan huella documental.

La experiencia también me ha proporcionado algo de luz sobre el proceso de «fabricación» de la historia, esto es, de una historia artificial cuyo producto no es en absoluto transparente. Así, nada puede resultar más engañoso que un documento. Y aquí reside el valor de la guerra de 1914-1918 como campo de entrenamiento para historiadores. Los Gobiernos se aseguraron de abrir sus archivos, y los estadistas y generales sus bocas, con carácter previo al examen que de ellos pudieran hacer los investigadores. Tras veinte años de experiencia en este campo, la historia puramente documental se me antoja casi mitología.

Para aquellos historiadores academicistas que todavía confían en ella, suelo contar una anécdota con moraleja. Cuando el frente británico fue roto en marzo de 1918 y los refuerzos franceses acudieron a cubrir la brecha, un eminente general francés llegó al puesto de mando de cierto cuerpo de ejército, desde donde dictó pomposamente órdenes acerca de las líneas donde debían permanecer las tropas aquella noche y desde las que se iniciaría el contraataque a la mañana siguiente. Tras leerlas, el jefe de cuerpo, perplejo, exclamó: «Pero esa línea está detrás del frente alemán, mi general. Usted mismo la perdió ayer». El general en jefe, con sonrisa cómplice, le replicó: «C'est pour l'histoire» ('Es para la historia'). Conviene añadir que durante gran parte de la guerra este general había ocupado un destino en el Alto Estado Mayor desde el que controlaba los archivos en los que después se basarían las historias oficiales.

Muchas son las lagunas que se pueden encontrar en los archivos oficiales, purgados de documentos susceptibles de perjudicar la reputación de un comandante en jefe, pero más difíciles de detectar son las falsificaciones con las que algunos de ellos han sido sustituidos. En general, los mandos británicos no parecen haber mostrado mayor ingenio que la mera destrucción o cambio de fechas en algunas órdenes. Los franceses fueron, a menudo, más perspicaces: un general podía salvaguardar tanto las vidas de sus hombres como su propia reputación redactando órdenes basadas en situaciones inexistentes para ataques que nadie llevaría a efecto, con la aquiescencia de todos, pues esos documentos pasaban luego al archivo.

Muchas veces me he preguntado cómo pudo hacerse la guerra habida cuenta de la de tiempo que malgastaban algunos jefes preparando el terreno para *sus* historiadores. Si las grandes personalidades del pasado, donde la evidencia es más difícil de verificar, fueron tan históricamente conscientes como las de estas generaciones más recientes, uno llega a preguntarse qué validez puede otorgarse a cualquier hecho anterior a la historia contemporánea.

La exploración de la historia es una experiencia aleccionadora. El famoso historiador norteamericano Henry Adams redujo sus conclusiones hasta el cinismo al contestar en una carta: «He escrito demasiada historia como para creer en ella. Así que, si alguien quiere discrepar de mí, estoy dispuesto a darle la razón». El estudio de la historia de la guerra es terreno especialmente apto para disipar cualquier ilusión acerca de la credibilidad de los testimonios de las personas y de su exactitud en general, incluso excluyendo la deformación de los hechos que implica satisfacer los propósitos de la propaganda.

Pero si el historiador llega a darse cuenta de lo difícil que es descubrir la verdad, con la práctica puede convertirse en un experto en detectar la mentira, una tarea comparativamente más fácil. La evidencia histórica proporciona un sólido principio: mientras que las aseveraciones rotundas deben ser siempre puestas en tela de juicio, es probable que las confesiones personales sean más fiables. Porque si existe un proverbio que encierra una verdad general es el de que «nadie es condenado sino por su propia boca». Aplicando esta regla podremos recorrer el largo camino hacia un veredicto clarificador sobre la historia, y sobre la historia en ciernes.

Lloyd George, en conversaciones privadas conmigo, frecuentemente enfatizaba que la característica que distingue a un político de primera clase de uno de segunda es que aquel siempre se cuida de hacer cualquier declaración taxativa que pudiera ser refutada posteriormente, ya que con toda probabilidad a la larga sería utilizada en su contra. Él mismo me dijo que había aprendido esta lección en su experiencia parlamentaria previa a 1914.

El tratamiento de la historia

Un número creciente de historiadores modernos, como por ejemplo Veronica Wedgwood, ha demostrado que la historia de calidad y la escritura amena pueden conciliarse, y así, desplazando a los pedantes, están devolviendo a la historia su voluntad de servicio a la humanidad. A pesar de ello, la reticencia académica hacia el estilo literario aún perdura. A estos pedantes sería bueno recordarles que un trabajo riguroso en la escritura asegura una lectura fácil. Y ese trabajo riguroso en la escritura da lugar a una reflexión profunda.

Se requiere un esfuerzo mucho mayor para sintetizar los hechos con claridad que para expresarlos de forma confusa. Y los malentendidos son más fácilmente evitables en afirmaciones cristalinas que en las turbias. El escritor ha de ser en esto muy cauto, pues el cuidado en la escritura favorece el cuidado en el tratamiento del material histórico y su correcta evaluación.

En cuanto al estudio de personajes, el esfuerzo encaminado a un profundo análisis psicológico es bueno, siempre que se mantenga la perspectiva. Es igualmente útil eliminar lo superfluo, siempre que se revele la verdadera faz de la persona. Sin embargo, ya no es tan positivo, salvo para un éxito de ventas, que cierto «barniz victoriano» sea reemplazado por la brocha gorda hecha a medida del escándalo.

Por otra parte, el estudio de personalidades puede llegar a tal extremo que el objetivo quede relegado a un segundo plano. Esto simplificaría ciertamente la tarea del biógrafo, que puede prescindir del conocimiento profundo del contexto en que se desarrolló la obra del biografiado.

Pero ¿podemos imaginar a un gran estadista sin su trasfondo político, a un gran general sin guerra, a un gran científico sin ciencia, a un gran escritor sin literatura? Aparecerían ante nosotros extrañamente desnudos. Y acaso vulgares.

Una cuestión largamente debatida es si la historia es ciencia o arte. La verdadera respuesta podría ser que es ciencia y arte. La materia de estudio debe ser abordada con un espíritu científico en aras de la precisión. Pero esto no excluye la interpretación de los hechos con ayuda de la imaginación y de la intuición. La enorme cantidad de datos es tan abrumadora que la selección es inevitable. Y donde hay selección, hay arte.

La exploración debería, por tanto, ser objetiva, pero la selección, subjetiva. La subjetividad puede, y debe, ser controlada mediante el método científico y la propia objetividad. Demasiada gente acude a la historia únicamente en busca de textos que avalen sus sermones, en lugar de buscar hechos para su análisis. Pero después del análisis viene el arte, que resalta el significado y garantiza la divulgación del conocimiento.

Fue la escuela de historiadores alemanes, encabezada por Ranke, la que en el siglo xix inauguró la moda de intentar exhibir un perfil puramente científico. Dicha moda se extendió hasta llegar a las facultades de historia. Cualquier conclusión o generalización fue relegada, y cualquier libro bien escrito se convirtió en sospechoso. ¿Cuál fue el resultado? Que la historia se hizo demasiado aburrida para ser leída y se mostró carente de sentido. Se convirtió, en definitiva, en un coto privado de estudio solo apto para especialistas.

De ese modo el vacío se llenó con nuevos mitos, de emocionante poder, pero de pésimas consecuencias. El mundo ha sufrido, y Alemania sobre todo, el resultado de la esterilización de la historia iniciada precisamente en ese país.

La aproximación científica

La adaptación a las cambiantes condiciones es la condición de la supervivencia. Esto depende de una cuestión simple pero fundamental: la actitud. Para hacer frente a los problemas del mundo moderno necesitamos, ante todo, apreciarlos con claridad y analizarlos científicamente. Y para ello es necesario liberarse de prejuicios, tener capacidad de discernimiento y poseer cierto sentido de la proporción. Solo si somos capaces de captar todos los factores relevantes, de sopesarlos ponderadamente y de relacionar unos con otros, podremos llegar a un juicio equilibrado y preciso.

La capacidad de discernimiento puede ser innata, y el sentido de la proporción, también. Pero su desarrollo puede verse favorecido por esa inclinación a liberarse de prejuicios, lo que en gran medida corresponde al individuo conseguir y está en su mano lograr. O al menos intentarlo. La forma de aproximación es sencilla, de hecho, muy simple, y requiere, ante todo, de autocrítica constante y esmero en la precisión de las afirmaciones.

No es difícil detectar si se está progresando de forma idónea. Si una persona lee o escucha una crítica de algo en lo que tiene un interés, hay que observar si lo primero que se pregunta es si aquella es justa y verdadera. Si reacciona a ella emocionalmente; si basa su queja en que no es «de buen gusto» o tendrá un mal efecto; en resumen, si muestra preocupación por cualquier pregunta que no sea «¿Es verdad?», revelará que su actitud no es científica.

Del mismo modo estará actuando si juzga una idea no por sus méritos, sino con referencia a su autor; si la tilda de «herejía»; si argumenta que la autoridad debe tener razón porque *es* la autoridad; si se toma una crítica concreta como un desprecio general; si confunde la opinión con los hechos; si afirma de algo que es «incuestionable»; si declara que «nunca» sucederá o está «seguro» de que cierto punto de vista es correcto. Porque el camino de la verdad está pavimentado con la duda metódica e iluminado por el espíritu de la investigación objetiva. Ver cualquier cuestión de forma subjetiva es engañarse uno mismo.

Si el estudio de la guerra en el pasado se ha mostrado tan a menudo falible como guía para el curso y la conducción de las siguientes por venir, ello no implica que el fenómeno bélico escape al estudio científico, sino precisamente que el estudio no ha sido lo suficientemente científico, ni en su espíritu ni en su metodología.

No parece plausible que todas las escuelas de doctrina militar pudieran haber malinterpretado tan completamente como lo hicieron las lecciones aprendidas de las guerras del siglo XIX y principios del XX. Un repaso a la lista de errores sugiere que la única explicación posible es que su estudio de los conflictos fue subjetivo, no objetivo.

Pero incluso si pudiéramos reducir los errores del pasado gracias a la escritura y la enseñanza de la historia militar, la dificultad principal permanecería. La fe es tan importante para un soldado en plena guerra que la instrucción castrense inculca un hábito de obediencia incuestionada que acaba convirtiéndose en una aceptación indiscutible de la doctrina vigente. Aunque el combate sea la prueba máxima de la teoría, es sólo otra faceta de la milicia; y existe algo más en esta que tiende a convertir a los hombres en esclavos de una teoría.

El soldado debe tener fe en su poder para derrotar al enemigo, por lo que cuestionar la posibilidad de victoria en un ataque es un riesgo directo que debilita dicha fe. La duda es la savia de las mentes filosóficas, pero los ejércitos no se componen de filósofos, ni en la base ni en la cúspide. En ninguna otra actividad humana el optimismo se muestra tan necesario para alcanzar el triunfo, pues en esta entra en juego lo desconocido, incluso el riesgo de muerte. Pero la frontera que separa el optimismo de la locura ciega es muy fina. De ahí que no deba causar sorpresa que los soldados lo hayan sobreestimado tan a menudo, convirtiéndose en víctimas de su propia fe.

Al soldado no se le puede aplicar el lema de Lung Ming. En los libros utilizados en esta célebre escuela, la siguiente sentencia encabezaba cada página: «Lo primero que debe aprender el estudiante es a abordar cualquier tema con espíritu de duda». La idea ya había sido expresada más claramente en las enseñanzas de Chang-Tsai (siglo XI): «Si puedes dudar en cuestiones en las que otras personas no sienten el impulso de hacerlo, entonces estás progresando».

El miedo a la verdad

Aprendemos de la historia que, en toda época y lugar, la mayoría de la gente se ha ofendido por lo que, visto en retrospectiva, parece haber sido un comentario puramente fáctico sobre sus creencias fundamentales. Aprendemos, también, que nada ha contribuido más a la persistencia de la falsedad —y a los males derivados de ella— que la falta de voluntad de las personas bienintencionadas para admitir la verdad cuando esta contrariaba sus cómodas certezas. Porque siempre persiste la tendencia a escandalizarse ante hechos naturales y a considerar ciertas cosas demasiado «sagradas» como para repensarlas.

No puedo concebir mejor ideal para una persona que afrontar la vida con una mirada abierta en lugar de transitar por ella dando tumbos como un ciego, un necio o un borracho, lo cual, al menos en el mundo del pensamiento, parece ser la preferencia. Qué raro es conocer a alguien cuya primera reacción ante cualquier hecho sea preguntar: «¿Es verdad?». Si esta no es su reacción natural, su actitud revela que la verdad no es lo más importante en su entendimiento, y así es difícil progresar.

Los engaños más peligrosos son aquellos derivados de una adulteración de la historia en favor de intereses bastardos dictados por la moral castrense o nacional. A pesar de lo que ha costado extraer esta lección de la experiencia, sigue siendo la más difícil de aprender. Y los que más la han sufrido son los que mayor miedo tienen a volver a padecerla.

En 1935, un distinguido general alemán escribió para el supremo órgano militar de su país un artículo titulado

«¿Por qué no podemos camuflarnos?». No se trataba, como pudiera parecer, de una exhortación a actualizar y desarrollar el arte del engaño con objeto de ocultar movimientos de tropas y posiciones. El camuflaje que el autor animaba a adoptar al Ejército germano era la ocultación de los hechos menos edificantes de su historia. Deploraba que, tras la Primera Guerra Mundial, los documentos diplomáticos de la Wilhelmstrasse hubieran sido publicados en su totalidad, incluyendo las acotaciones marginales del káiser. El general concluía su llamamiento a la utilización del camuflaje en la esfera de la historia apelando al «magnífico aforismo» inglés: «Todo lo que funciona es verdad».

El estudioso de la historia militar puede sorprenderse no tanto por la petición del general como por su esfuerzo en parecer novedoso. La historia calificada como «oficial» debe asumir una natural cautela; pero la historia *militar* calificada como «oficial» debe soportar una cautela doble. La historia de la historia contiene numerosas pruebas de que el arte del camuflaje fue desarrollado en este campo teórico mucho antes que en los campos de batalla.

Esta historia camuflada no solo oculta equivocaciones y deficiencias que de otro modo podrían ser remediadas, sino que engendra una falsa sensación de confianza, y este sentimiento suele subyacer a la mayoría de los errores registrados en los anales de la historia militar. Es la carcoma de los Ejércitos. Pero sus efectos son más profundos y se sienten antes. Porque esa falsa sensación de confianza en los líderes militares ha sido siempre acicate para la guerra. Esta realidad se alza como evidente para aquellos que hayan estudiado la historia de las semanas que precedieron al estallido de 1914.

La evasión de la verdad

Aprendemos de la historia que los seres humanos se hacen constantemente eco de la sentencia atribuida a Poncio Pilato: «¿Qué es la verdad?». Y a menudo la formulan en circunstancias que nos llevan a cuestionarnos por qué lo hacen. Como observador de la historia contemporánea, he percibido que dicha pregunta se utiliza repetidamente como cortina de humo para enmascarar una maniobra, personal o política, o para disimular una evasión de ciertos temas. Pero es una pregunta justificada, en el sentido más profundo de la expresión. Sin embargo, cuanto más observo los acontecimientos actuales, más entiendo cómo muchos de nuestros problemas surgen del hábito, generalizado en todos los ámbitos, de suprimir o distorsionar lo que sabemos positivamente que es verdad, bien por devoción hacia una causa o institución, bien por mera ambición, pero en cualquier caso por intereses particulares.

La historia de 1914-1918 está llena de ejemplos de este tipo. Quizá la batalla de Passendale constituya el más significativo de todos ellos. Por sus declaraciones previas, no hay duda de que el origen de la maniobra fue fruto del deseo del mariscal Haig de ganar la guerra en 1917 por medio de una ofensiva en Flandes exclusivamente británica antes de la llegada de los norteamericanos. Sin embargo, una vez que estuvo preparado para lanzarla, resultó que todos los planteamientos habían cambiado, y los altos mandos franceses mostraron serias dudas a propósito de los planes. Pero en el deseo de persuadir a su reacio Gobierno para que le permitiese ejecutar su sueño, Haig no mencionó ninguno de los factores desfavorables que existían, aunque eran de sobra conocidos por él, y exageró los que parecían más propicios. Cuando finalmente el ataque fue lanzado en el último día de julio, fracasó completamente en el sector crucial. Aun así, el mariscal transmitió a Londres que los resultados eran «de lo más satisfactorio». Ese mismo día el clima empeoró y la batalla quedaba estancada.

Cuando el primer ministro, preocupado por el elevado número de bajas, se desplazó personalmente a Flandes, Haig arguyó que el pésimo estado de ánimo de los prisioneros alemanes era prueba suficiente de que su ofensiva estaba llevando al ejército enemigo al borde de la extenuación. Y cuando aquel solicitó ver a alguno de ellos, un miembro del Estado Mayor de Haig telefoneó dando instrucciones para que «todos los prisioneros sanos fueran sacados de sus celdas» antes de la llegada de la visita. La cadena de autoengaños y la propia batalla continuaron hasta alcanzar la cifra de 400 000 hombres sacrificados.

En los siguientes años Haig esgrimiría que la ofensiva respondió a su compromiso ante las peticiones de los franceses: «La posibilidad de ver quebrarse al ejército francés me obligó a pasar a la ofensiva», arguyó. Pero en sus cartas de la época declaraba que su moral era «excelente». Y en la primavera de 1918 bramó contra el Gobierno cuando sus tropas, llevadas al límite físico y moral, fracasaron a la hora de contener la ofensiva alemana.

Haig era un hombre honorable de acuerdo con sus propias convicciones…, pero sus convicciones eran obtusas. Las consecuencias de la ofensiva que transformó Passendale en un nombre ominoso se debieron al efecto combinado de la tendencia del mariscal a engañarse a sí mismo, de su tendencia, por tanto, a animar a sus subordinados a hacer lo propio, y del sentido de la «lealtad» de todos ellos, consistente en decir a sus superiores lo que estos querían oír. Passendale es un claro ejemplo de «bienintencionadas» falsedades.

Como joven oficial en esa guerra, yo había profesado un hondo respeto hacia los jefes del Alto Mando, pero lamentablemente quedé desilusionado con muchos de ellos cuando pude observarlos de cerca y al adoptar el punto de vista del corresponsal militar en que me convertí más tarde. Fue triste comprobar cómo muchos hombres supuestamente honorables habrían aceptado casi cualquier cosa con tal de ascender.

Uno de los comandantes con quien me relacionaba asiduamente, Archibald Montgomery-Massingberd, solicitó mi colaboración para redactar un libro sobre las lecciones de la guerra. Cuando estudiábamos los campos de batalla, noté que evitaba cualquier asunto espinoso, y enseguida comprendí que su objetivo era servirse de esa obra para demostrar cuán brillante había sido el comportamiento del Cuarto Ejército, precisamente aquel en que había sido jefe de Estado Mayor. Así que me excusé para no tener que participar en semejante pieza propagandística. Este comandante en jefe, además, tenía la costumbre de deslizar al oído insinuaciones maledicentes sobre otros militares de alta graduación que competían con él para ascender en el escalafón.

Alcanzó la cúspide llegando a mariscal, desde luego sin mi asistencia, y pasó a ocupar un destino que marcó la peor época de estancamiento del Ejército británico en el periodo de entreguerras. La mala fortuna quiso que estuviera al frente de la jefatura del Estado Mayor imperial justo cuando Hitler se hacía con el poder en Alemania. Cuando Ironside le sustituyó en el mando en 1939 y contempló el legado de carencias en el equipamiento del ejército, señaló los retratos de sus predecesores, el del propio Montgomery-Massingberd y el de Milne, exclamando con vehemencia: «Ellos son los dos principales responsables de esto. Deberían fusilarlos al amanecer» —un veredicto demasiado duro para Milne—.

Otra costumbre diferente, pero quizá de peores consecuencias, era la de ciertos oficiales ambiciosos que, cuando veían la posibilidad de ascenso a general, decidían acallar sus ideas y pensamientos por precaución... hasta que llegara la promoción y pudieran ponerlos en práctica. Desafortunadamente, el resultado más corriente después de tantos años de autocensura en aras de su propia avidez era que, cuando finalmente descorchaban la botella de sus esencias, todo el gas se había evaporado.

Descubrí que el valor moral era tan raro en los altos niveles de la jerarquía militar como entre los políticos. También fue una sorpresa constatar que aquellos que habían demostrado más valentía desde un punto de vista físico en la guerra eran los que en mayor medida carecían de ese coraje moral. En gran medida, la clave estaba en su creciente y obsesiva ambición profesional, particularmente clara en aquellos que compensaban una vida privada infeliz con una excesiva preocupación por la carrera. La otra causa principal de esta merma del valor moral, sin embargo, era la carencia de medios que muchos oficiales sufrían, en comparación con sus superiores, para dar a sus hijos una mejor educación.

Este factor marcó profundamente la sumisión de los militares alemanes a Hitler, lo que me pareció comprensible porque había visto sus efectos en Gran Bretaña en unas circunstancias mucho menos complicadas.

Como expresé en el prólogo de mis memorias, he tenido la fortuna de ser independiente, a menudo consultado por instancias oficiales, pero nunca empleado oficialmente o subvencionado, y jamás tuve más ambición que la de buscar la verdad y expresar mis puntos de vista con objetividad. En mi experiencia, los problemas del mundo dependen en gran parte de una excesiva preocupación por otro tipo de intereses.

Lealtades ciegas

Aprendemos de la historia que aquellos que son desleales con sus superiores son más propensos a exigir lealtad entre sus subordinados. No hace tantos años existió cierto personaje que predicaba lealtad tan asiduamente cuando ocupaba altos cargos que convirtió la palabra en un lema personal; ese mismo individuo había sido definido en privado por su jefe, por sus colegas y por su antiguo asistente como alguien capaz de todo con tal de ascender.

La lealtad es noble cualidad, siempre que no sea ciega y no excluya una lealtad superior, la debida a la verdad y la decencia. Pero es una palabra de la que se abusa. Porque, si se analiza bien, con demasiada frecuencia se convierte en un término cortés para encubrir lo que podría ser definido con mayor precisión como «una conspiración para la ineficacia mutua». En este sentido es, en esencia, egoísmo, una suerte de fidelidad servil degradante tanto para el servidor como para el servido. La relación entre ambos será falsa, pues esa proclamada lealtad, analizada en profundidad, nos revelará que ambas partes solo buscan su propio interés. La lealtad no es una virtud que podamos aislar, pues para que sea cabal y esté dotada de su valor intrínseco, ha de llevar aparejada implícitamente la posesión de otras cualidades.

Estas lealtades mal entendidas invaden también el campo de la historia, perjudicando sus frutos. La búsqueda de la verdad por puro amor a la verdad es lo que distingue al historiador. Para tal tarea, muchos son los llamados, pero pocos los elegidos, no necesariamente por falta de talento, sino por ausencia de la resolución o el impulso necesarios para seguir su reclamo dondequiera que conduzca. Demasiados cargan con hipotecas sentimentales, no siempre de parentesco o gratitud, como tan a menudo ocurre en el campo de las biografías, y otros, en un plano aun inferior, adaptan sus conclusiones al gusto de un determinado público o de un mecenas.

Profundo es el abismo entre las obras de historia tal y como están escritas y la verdad de la historia, lo que tal vez sea más cierto en los libros que tratan el fenómeno bélico. Si una de las razones es que estos últimos suelen estar escritos por soldados no formados como historiadores, y otra que con frecuencia existe algún vínculo personal, ya sea de conocimiento o tradición entre el autor y la materia estudiada, una razón más profunda reside en un problema de mentalidad. Sostiene el militar: «Mi país, con razón o sin ella», es el santo y seña. Y esta lealtad esencial, ya sea a un país, a un regimiento o a los *camaradas*, está tan arraigada en él que, cuando pasa de la acción a la reflexión, le resulta difícil adquirir en su lugar la lealtad insobornable del historiador hacia la verdad.

No es que el historiador más imparcial vaya a alcanzar plenamente la objetividad, pero es probable que se acerque más a ella si al menos tiene la determinación de intentarlo. Para el historiador leal a su propia vocación sería impensable hacer la sugerencia —la que se escuchó de distinguidos participantes en la última guerra— de que ciertos episodios «sería mejor pasarlos por alto» en los manuales de historia. Los oficiales que lo propusieron eran hombres de honor indiscutible, pero totalmente inconscientes de que estaban pecando no solo contra los intereses futuros de su patria, sino contra la misma verdad, pilar básico del honor.

El caso del hombre que estuvo a cargo de las historias militares oficiales británicas de la Primera Guerra Mundial, el general Edmonds, ilustra de manera muy llamativa este efecto. Por el tono «detectivesco» de la historia, así como por sus conocimientos, Edmonds estaba perfectamente cualificado para la misión. En los primeros años de su mandato, a menudo decía que no podía exponer en la historia oficial la verdad más dolorosa porque su lealtad hacia el servicio y para con sus antiguos camaradas se lo impedía; no obstante, deseaba darla a conocer a otros historiadores de forma privada, cosa que hizo. Pero a medida que el tiempo pasaba y se hacía mayor, el general se fue reafirmando en la creencia de que el brillo que él añadía a los hechos era *la* verdad, el mismo corazón del asunto y no una mera pantalla protectora.

Esa práctica se demostró fatal, pues impidió que se extrajeran a tiempo lecciones de la Primera Guerra Mundial para que una nueva generación pudiera beneficiarse de ellas en la Segunda. Por su parte, los historiadores libres de ataduras oficiales u obligaciones institucionales deberían considerarse afortunados por no tener restricciones en lugar de enorgullecerse por una supuesta «superioridad moral» en términos de honestidad.

La verdad no puede ser absoluta, pero es cierto que estaremos más cerca de ella si la buscamos con un espíritu puramente científico y analizamos los datos con un completo desapego hacia cualquier lealtad que no sea la dictada por la propia veracidad de los hechos. Ello implica que uno ha de estar dispuesto a descartar sus prejuicios e ideas adquiridas para ir en busca del progreso.

En ninguna otra esfera la búsqueda de la verdad ha sido más difícil que en la historia militar. Aparte del hecho de cómo se ocultan datos, la necesidad de conocimiento técnico tiende a limitar la preparación de los soldados, y estos no están entrenados en métodos históricos. Más aún: conociéndose la falibilidad de los generales del pasado, la jerarquía castrense muestra una natural ansiedad ante la posibilidad de que la fe del joven soldado se vea resentida hoy y mañana. Entender que el ciclo de errores pretéritos condiciona la historia militar debería llevarnos a huir de la mentira y a realizar un cuidadoso estudio del pasado con un nuevo sentido de la honestidad hacia los hechos.

Pero uno debería ser capaz de apreciar el punto de vista de aquellos que sienten temor a las consecuencias. La fe cuenta mucho en tiempos de crisis. Y conviene profundizar en el estudio de la historia antes de llegar a la convicción de que la verdad debe contar aún más.

Gobierno y libertad

Autoridad con los ojos vendados

Todos hacemos tonterías, pero los más sabios son conscientes de ello. El error más pernicioso es no reconocer nuestra propia tendencia al error. Este defecto aflige de manera especial a la autoridad.

De los muchos ejemplos que existen, se podría citar uno de la Primera Guerra Mundial. Cuando llegaron a París informes sobre el estado de abandono en que se encontraban las defensas de Verdún, se pidieron al mariscal Joffre garantías de que serían mejoradas. Como toda respuesta, este negó indignado que hubiera motivo alguno para inquietarse y exigió los nombres de quienes se habían atrevido a sugerirlo:

No puedo ser partícipe de que soldados bajo mi mando presenten ante el Gobierno, por conductos diferentes al reglamentario, quejas o protestas sobre la ejecución de mis órdenes... Es un hecho premeditado para socavar profundamente el espíritu de disciplina en el Ejército.

La contestación bien podría ser enmarcada y colgada en todos los despachos oficiales del mundo como recordatorio de lo que no se debe hacer. Porque en el plazo de dos meses la doctrina de infalibilidad del mariscal colapsó como un globo pinchado, con trágicas consecuencias para su ejército. Pero he aquí, como sucede tan a menudo, que los efectos en lo personal fueron dolorosos e irónicos. El hombre que había dado la señal de alarma fue una de las primeras víctimas de la negligencia detectada, mientras que el mariscal Joffre se ganaba los laureles de la popularidad gracias al sacrificio heroico realizado en Verdún, que había evitado un desastre aún mayor para Francia. La pretensión de infalibilidad es instintiva en una jerarquía. Pero entender la causa no significa subestimar el daño que esa pretensión ha producido en todas las esferas.

Aprendemos de la historia que las personas críticas con la autoridad siempre han sido reprendidas en tono farisaico —si no les ha ocurrido algo peor— y, sin embargo, la historia les ha dado repetidamente la razón. Estar «en contra del Gobierno» puede ser una actitud más filosófica de lo que parece. Porque todos los «Gobiernos» tienden a vulnerar las normas de la decencia y la verdad, lo cual parece inherente a su naturaleza y muy difícil de evitar en la práctica.

Por lo tanto, el deber de todo buen ciudadano que esté libre de responsabilidades en el Gobierno es servir de perro guardián para que este no se aleje de los objetivos fundamentales a los que debe servir. Pues como mal necesario que son, los Gobiernos requieren de mecanismos de vigilancia y control permanentes.

Limitaciones de la democracia

Aprendemos de la historia que la democracia ha tendido a dar prioridad al convencionalismo. Por naturaleza, prefiere adecuar su marcha a los que siguen el paso más lento del pensamiento, y desaprueba a los que pueden perturbar la «conspiración para la ineficacia mutua» arriba descrita. De ese modo, este sistema de gobierno tiende a resultar en el triunfo de la mediocridad y conlleva la exclusión de los más capacitados, máxime si son honestos. Pero su alternativa, el despotismo, implica casi inevitablemente el triunfo de la estupidez. Y de los dos males, el primero es el menor.

De ahí que sea preferible que la mayor capacidad consienta su propio sacrificio y se subordine al régimen de la mediocridad a que colabore en el establecimiento de un sistema en el que, a la luz de la experiencia pasada, la estupidez bruta será entronizada, y esa mayor capacidad solo podrá mantener su posición al precio de la deshonestidad.

Lo que vale la pena defender de «Inglaterra» y «América» como conceptos es su tradición de libertad, garantía de su vitalidad. Muchos hablan de «patriotismo» sin meditar cuál es su finalidad. Nuestra civilización, como la de los antiguos griegos, nos ha enseñado, a pesar de sus errores, el valor de la libertad y del sentido crítico hacia la autoridad, además de armonizar todo ello con orden.

Cualquiera que inste a promover un sistema diferente en aras de la eficiencia está traicionando dicha tradición.

La experiencia del sistema bipartidista desarrollado en la política inglesa y trasplantado al otro lado del océano continúa demostrando de largo su superioridad práctica, sean cuales sean sus deficiencias teóricas, sobre cualquier otra forma de gobierno que se haya intentado. No puedo concebir que el socialismo (en el sentido más «auténtico» del término) pueda ser asumido y realizado con seguridad sin que tienda a su lógico fin, el Estado totalitario. Básicamente, no es productivo para la comunidad. En Gran Bretaña ha sido aplicado tan solo para la mejora de las condiciones de los más necesitados gracias a los avances realizados por Lloyd George.

La política de poder en democracia

Hoy más que nunca el papel que desempeña el poder en las relaciones entre las naciones se comprende cada vez mejor y su importancia está siendo reconocida de forma generalizada. El uso de la expresión «política de poder» es tan común que por sí mismo demuestra una admisión de esa realidad. Pero la opinión pública sigue sin comprender cabalmente dónde reside el poder y cómo se ejerce dentro de una nación.

En un sistema democrático, el poder se confía a comités o comisiones. Estos son los organismos principales del cuerpo político a todos los niveles, desde las administraciones locales hasta las más altas instancias de gobierno. Pero el proceso de toma de decisiones es en la realidad muy diferente a como se concibe en la teoría constitucionalista. De hecho, los asuntos públicos están influidos en gran medida por factores que no guardan relación con los postulados legales y en los que la teoría tiene poco que decir.

Como las reuniones de los comités no se realizan tan frecuentemente por la tarde como por la mañana, la «hora de la cena» proporciona la oportunidad y el ambiente propicios para celebrar comisiones de tipo informal, que tienden a ser más influyentes que las constituidas de modo oficial. Este modelo informal es por lo general reducido, y cuanto más reducido sea, más influyente se mostrará. Las reuniones privadas de dos o tres personas convocadas por alguien que lleve la voz cantante pueden pesar más que las sesiones formales a las que asisten veinte o treinta miembros. Como ese grupo reducido representa la selección personal de consultores del líder, que son elegidos tanto por su compatibilidad de caracteres con él como por su valía, les resulta más fácil llegar a conclusiones claras sobre un determinado asunto, que luego trasladarán a la comisión oficial para adoptar una decisión.

Como en una junta de veinte o treinta miembros suele existir mucha diversidad de criterios y variabilidad de opiniones, la aprobación de la mayoría puede obtenerse por medio de conclusiones bien armadas, sostenidas por argumentos de peso y patrocinadas por una personalidad influyente, sobre todo si la presentación se realiza de una forma cuidadosamente escenificada.

Los ejemplos más significativos de la verdadera influencia de esta «hora de la cena» se encuentran en el más alto nivel de decisión, que en Gran Bretaña es el Gabinete.

La primera vez que esta circunstancia se hizo evidente a mis ojos fue hace algunos años, cuando tuve la oportunidad de conocer a dos secretarios de Estado o ministros del mismo departamento en sucesivos Gobiernos. El primero cenaba con el primer ministro solo de forma ocasional, y normalmente en veladas a las que acudían más invitados. El segundo, en cambio, cenaba con él cada pocos días, bien a solas o bien en compañía de una o dos personas íntimas del primer ministro. Entonces me di cuenta de la diferencia de trato dispensado a uno y a otro, y comprobé que este último influía más en las decisiones del Gobierno, y no solo en materias relacionadas con su ministerio. Pude constatar después con otros ejemplos la validez de esta práctica.

En la sociedad londinense anterior a la Segunda Guerra Mundial, los «señores del mar» del Almirantazgo desempeñaron un papel muy importante en esta «hora de la cena». Sus reuniones informales pesaron más que las más poderosas armas a la hora de asegurar para la Royal Navy la porción más importante de los presupuestos asignados a Defensa, aunque tuvieron menos éxito en contrarrestar los efectos de la aviación alemana cuando llegó la contienda. Porque en esas cenas informales previas al conflicto, los almirantes se mostraron siempre muy confiados sobre cómo sus acorazados podrían operar sin grandes riesgos de ataque aéreo y, sin embargo, cuando la guerra finalmente se presentó, se vieron impelidos a revisar sus opiniones tras sufrir serias pérdidas.

En Inglaterra, el Gabinete es, de acuerdo con la teoría constitucional, el órgano decisivo del Estado, el cerebro del cuerpo nacional. Pero es un comité muy grande, demasiado grande como para mostrarse efectivo en el proceso de toma de decisiones reales. Tan es así que se han realizado esfuerzos tendentes a limitar su tamaño. La mayoría de ellos han consistido en reducciones poco relevantes, de forma que el número de miembros se ha mantenido en torno a veinte o treinta. Pero esos cambios menores no eran suficientes. Un comité de veinte personas no es mejor que uno de treinta a la hora de contrastar puntos de vista, pues en ambos casos las decisiones están guiadas por conclusiones previas adoptadas en un círculo reducido. La aproximación más eficaz para conseguir un órgano realmente efectivo fue el Gabinete de Guerra de cinco miembros creado por Lloyd George en 1917 para tratar la crítica situación del momento. Era, en realidad, un gabinete dentro del Gabinete. El sistema fue reintroducido por Churchill en la Segunda Guerra Mundial.

Siempre existe un «gabinete interno», normalmente informal y que tal vez sería mejor definir como «gabinete íntimo», mucho más fluido. Es habitual que esté compuesto por aquellos miembros del auténtico Gabinete en los que el primer ministro más confía o a los que considera obligado consultar. Puede incluir personas sin responsabilidades ministeriales oficiales. Como su constitución —y selección— depende del juicio del primer ministro, este suele elegir a los que considera más necesarios y afines a sus posiciones. La cualidad esencial de los miembros de este gabinete reducido es, por tanto, la intimidad más que el estatus.

En las discusiones privadas de este círculo cercano se tratan los asuntos de alta política, y sus decisiones a menudo cristalizan en propuestas para el Gabinete formal, que ve así reducido su papel al de la mera ratificación de tales decisiones. Este procedimiento podría parecer inconstitucional, pero es apropiado en la medida en que el primer ministro pueda explicar sus propuestas a sus colegas del Gabinete en una reunión formal y asegurar su aprobación. Esto suele verse facilitado por la ascendencia que tiene sobre sus miembros y por la ventaja de que goza al haber preparado previamente sus argumentos.

Cuanto más marcada sea su personalidad como refuerzo de su propio estatus, más fácilmente podrá hacer encajar de forma suave sus propuestas. Si prevé alguna dificultad, puede evitarla manteniendo conversaciones privadas preliminares con sus colegas de mayor peso. Podrá contar así con la aquiescencia de la mayoría para la aprobación de lo que propone. Un primer ministro que llegue a una reunión del Gabinete con la mente clara y un plan definido rara vez verá frustrados sus planes o encontrará seria oposición. Todo ello es muy natural y ordenado.

Desde una perspectiva realista, el paso más importante en el proceso de toma de decisiones es que el primer ministro tenga clara la idea. Y aquí descansa la verdadera relevancia de su círculo más íntimo de colaboradores, con los que está acostumbrado a debatir y de los que obtiene ideas. Así, ellos son, junto al primer ministro, los auténticos muñidores de la política.

Además de ser sus asesores privados, actúan como un discreto servicio de inteligencia y coordinación. Pueden ser empleados para llevar a cabo gestiones confidenciales y mantener al primer ministro informado de lo que otros están pensando. También cabe confiarles misiones delicadas, tanto internas como en el exterior, para sondear opiniones antes de formular explícitamente cualquier postura oficial.

En todos los ministerios podría rastrearse un proceso similar, especialmente en aquellos en los que el poder reside de forma ostensible en una comisión. Las materias principales que llegan a las mesas del Consejo Superior del Ejército de Tierra, del Almirantazgo o del Consejo del Ejército del Aire, a menudo han sido decididas de antemano en discusiones privadas entre el ministro correspondiente y sus jefes de servicio principales. Pero si el ministro tiene una personalidad fuerte e ideas propias, por lo general se inclinará a formular su propia política con la ayuda de algunos de sus más íntimos asesores, en quienes confía para que le provean de una opinión formada y desapasionada.

Estos hábitos se limitan a replicar lo que es práctica común en el mundo de los negocios, donde el presidente de una compañía está más influido por uno o dos individuos que por el esfuerzo colectivo del conjunto de sus directivos. En materia de política, una junta puede modificar o ratificar decisiones ya tomadas, pero por su propia naturaleza no es apta para alumbrar iniciativas.

El hombre entre bastidores

Los colaboradores más próximos del primer ministro, de un presidente o de un ministro rara vez llegan a ser conocidos por el gran público en su función, aunque su influencia pueda ser valorada, discutida y criticada en los principales círculos oficiales. De hecho, cuando son conocidos su labor puede verse restringida, puesto que acapararán la atención y atraerán sospechas y celos. Este problema afecta no solo a los asesores externos, sino también, e incluso más, a los colaboradores directos de los ministros.

Antes y durante las primeras fases de la Primera Guerra Mundial, uno de los más influyentes de estos íntimos colaboradores fue lord Esher. Nunca ostentó un alto cargo oficial, si bien tenía el récord de ofertas rechazadas, incluyendo el Ministerio de la Guerra y el Virreinato de la India. Su influencia tras la escena derivaba de la confianza que en él tuvieron Eduardo VII, Jorge V y los principales ministros de la época. Otra muy notable figura entre bastidores fue J. A. Spender, editor de la *Westminster Gazette*. Era notorio que las noticias de su publicación anticipaban «extrañamente» hechos importantes. La explicación era, una vez más, la confianza que en él depositaba el primer ministro.

En los tiempos del segundo Gobierno laborista, lord Thomson, ministro del Aire, tenía gran influencia sobre el primer ministro Ramsay MacDonald, mucho más de la que correspondía a su estatus en el Gabinete, y se extendía a otras esferas diferentes de las de su negociado. Tras su muerte en el desastre del dirigible R.101 de 1930, John Buchan se convirtió en el colaborador íntimo de Ramsay MacDonald. Buchan disponía, además, de enlace directo con el líder del partido conservador, Baldwin. Y cuando este llegó al poder, su vínculo personal con J. C. C. Davidson fue un factor muy importante a la hora de moldear la política gubernamental. En los dos últimos años del Gobierno de Baldwin, sir Horace Wilson, que había sido asesor en materia industrial desde 1930, fue «secundado por el Tesoro para servir con el primer ministro», y reforzó aún más su posición cuando Neville Chamberlain alcanzó la jefatura del Gobierno en 1937, al ejercer gran influencia sobre él en todas las materias, incluidos los asuntos exteriores. Muchos ministros se quejaban de que no podían despachar con Chamberlain sobre asuntos de relevancia sin haber pasado antes a discutir con sir Horace Wilson.

Cuando Churchill llegó a ser primer ministro en 1940, la importancia de Brendan Bracken y lord Beaverbrook en sus consejos fue notoria. También se trajo consigo al profesor Lindemann, luego lord Cherwell, cuya labor de asesoramiento quedó regularizada al ser nombrado «asistente personal» del jefe del Gobierno. El comandante Desmond Morton fue otro de sus asesores.

Aunque la valía práctica de este tipo de colaboradores cercanos se ha ido aceptando paulatinamente, los protagonistas continúan en la sombra, más en Gran Bretaña que en Estados Unidos. Aquí, durante la Primera Guerra Mundial, Edward M. House fue mucho más que la mano derecha del presidente Wilson; era su otra mitad y, aunque nunca ostentó cargo oficial, fue con frecuencia su delegado en las conferencias interaliadas. En la Segunda, Harry Hopkins desempeñó un papel todavía más destacado como representante del presidente Roosevelt, además de ser uno de sus asesores más íntimos y duraderos.

El modelo dictatorial

Aprendemos de la historia que los gobernantes despóticos hechos a sí mismos siguen un patrón histórico estándar, que se podría resumir como sigue:

Antes de llegar al poder

- Explotan, consciente o inconscientemente, un estado de insatisfacción popular contra el régimen existente o de hostilidad entre diferentes sectores de la población.
- Atacan con violencia el régimen existente y combinan su llamada al descontento con promesas ilimitadas (las cuales, si triunfan, solo cumplirán hasta cierto punto).
- Afirman que solo desean el poder absoluto por un periodo corto de tiempo (pero posteriormente nunca encuentran la ocasión para resignarlo).
- Estimulan la simpatía popular presentando la idea de una conspiración contra su figura, y emplean esa energía para asegurarse un sustento aún mayor en algún momento crucial.

Al llegar al poder

- Comienzan pronto a deshacerse de sus principales colaboradores, al «descubrir» que aquellos que lo acompañaron a la hora de traer el nuevo orden se han convertido repentinamente en traidores.

- Eliminan con uno u otro pretexto la crítica y castigan a cualquiera que mencione hechos que, a pesar de ser verdaderos, son desfavorables a su política.
- Sitúan, si es posible, la religión de su lado o, si sus jerarcas no son complacientes, fomentan un nuevo tipo de creencia subordinada a sus fines.
- Gastan «generosamente» el dinero público en obras monumentales como forma de compensar la libertad de espíritu y de pensamiento que han hurtado a su pueblo.
- Manipulan la moneda para hacer que la situación económica del Estado parezca mejor de lo que en realidad es.
- En última instancia, llegarán a hacer la guerra a algún otro Estado como medio de desviar la atención de las condiciones internas y para permitir que el descontento estalle hacia el exterior.
- Utilizan el grito de guerra del patriotismo como medio para apretar las cadenas de su autoridad personal más firmemente sobre el pueblo.
- Amplían la superestructura del Estado mientras socavan sus cimientos, engendrando aduladores a expensas de colaboradores respetables, apelando al gusto popular por lo grandioso y sensacionalista en lugar de por los verdaderos valores, y fomentando una visión romántica en lugar de realista. Todo ello asegura el colapso final de lo que han creado bajo su propio mandato o en el de sus sucesores.

Este tinglado político, en sí mismo una suma bien conocida de artimañas, se ha repetido a lo largo de todas las épocas. Sin embargo, rara vez fracasa cuando se vuelve a aplicar en las nuevas generaciones.

La psicología de la dictadura

Aprendemos de la historia que el tiempo apenas altera la psicología de la dictadura. El efecto del poder en la mente de quienes la ejercen, especialmente cuando han alcanzado la autoridad tras el éxito de una campaña agresiva, tiende a ser significativamente similar en cualquier época y lugar.

Conviene repasar al respecto el curso de la campaña de Napoleón contra Rusia, no tanto por el detalle de las operaciones militares como por la lección que supone sobre cómo funciona la mente de un dictador. Para ello sacaremos partido, en concreto, del estudio de las memorias de Caulaincourt, quien no solo formó parte de la marcha sobre Moscú, sino que fue el compañero elegido por Napoleón en su retirada tras dejar abandonado a su suerte al ejército francés.

La aventura que socavó de manera definitiva el dominio de Europa por parte de Napoleón y arruinó su «nuevo orden» se debió directamente a la mezcla de insatisfacción y desazón que sintió ante la actitud de Rusia hacia sus planes de subyugar a Inglaterra, el último obstáculo en su camino a la dominación mundial. A los ojos de Napoleón, el intento del zar de moderar los límites del Sistema Continental introdujo el factor que desequilibraba la balanza de su estrategia para obligar a Inglaterra a abandonar su obstinada negativa a negociar.

Aunque Napoleón se había permitido introducir modificaciones en el sistema que resultaban molestas para los franceses, esperaba que sus aliados y los países ocupados afrontaran nuevas privaciones sin modificar él ni un ápice de sus propios intereses. Y en el rígido cumplimiento de lógica tan fundamentalmente irracional, tomó la decisión, en contra de las advertencias de sus más cercanos y válidos consejeros, de imponer su voluntad a Rusia por la fuerza de las armas.

Hacia mediados de junio de 1812 había reunido un nutrido ejército de 450 000 hombres, una cantidad enorme para aquellos tiempos, que se desplegaba en la frontera rusa desde el mar Báltico hasta las marismas de Pripet. A las diez de la noche del día 23, los destacamentos de pontoneros tendieron sus puentes sobre el Niemen y comenzó el cruce del río. El estado de ánimo de Napoleón quedaba expresado en la confesión que le hizo a Caulaincourt: «En menos de dos meses, Rusia suplicará la paz».

En su aproximación a Vilna, Napoleón se encontró con que los rusos habían abandonado la ciudad. «Ver frustrada la esperanza de dar una gran batalla ante Vilna fue para Napoleón un duro golpe, como expresó con amargura al acusar de cobardía a su enemigo».

Tras cinco semanas de campaña, y a pesar de su profundo avance, había infligido solo pequeños daños al contrario, mientras que su propio ejército se había reducido al menos en un tercio en número y aún más en eficacia.

Como relata Caulaincourt, «creía que habría una batalla solo porque él la deseaba, y creía que la ganaría porque era esencial que así fuera». Por ello dirigió su avance hacia Smolensko. Al entrar en la ciudad, abrasada y abandonada, Napoleón tuvo, no obstante, otro acceso de confianza y así lo declaró: «Antes de un mes estaremos en Moscú, y antes de seis semanas conseguiremos la paz».

El 14 de septiembre Napoleón alcanzaba Moscú, solo para encontrarse con que los rusos la habían evacuado.

Esa noche se declaraban incendios en muchos barrios y la mayor parte de la ciudad fue pronto pasto de las llamas.

La destrucción de Moscú por los propios rusos sorprendió a Napoleón, quien empezó a buscar ansiosamente cualquier oportunidad para alcanzar la paz. Pero todavía era incapaz de comprender la furia que había desatado. Así que prolongó su estancia en un Moscú abrasado con la esperanza infundada de que los rusos responderían pronto a sus propuestas. En su lugar, estos las desatendieron al considerarlas, acertadamente, una prueba del atolladero en que se encontraba Napoleón. El 25 de octubre dictaba a regañadientes las órdenes para iniciar la retirada sobre Smolensko.

Cuando alcanzó esta ciudad, el 9 de noviembre, apenas contaba con 50 000 soldados. Y al llegar al Beresina su ejército escapó por poco de un completo desastre, momento en que Napoleón decidió abandonarlo y marchar a uña de caballo hasta París, con la intención de reunir refuerzos y para restaurar con su presencia la confianza del país cuando las noticias del fracaso de la campaña de Rusia llegaran a Francia y a las principales capitales europeas sometidas.

Una vez allí criticó largamente los defectos e incompetencia de sus asesores, hasta que uno de ellos, Talleyrand, lanzó un comentario que reflejaba las dudas internas sobre su figura: «Una vez que te has comportado como un rufián, no deberías comportarte como un loco».

Para los historiadores menos románticos, Napoleón tuvo más de rufián que de héroe. Pero para el filósofo, tuvo mucho más de loco que de rufián. Si su locura quedó demostrada por su ambición desmedida, la frustración evidenció su capacidad para engañarse a sí mismo. Sin embargo, la reflexión sigue siendo que tales locos y sus devastadoras actuaciones son en gran parte una creación de locos subsidiarios... ¡Tan grande es la fascinación de la locura romántica! Sabemos que, cuando Napoleón visitó los vivacs de sus ateridos y hambrientos soldados antes de abandonarlos, «desfiló entre las multitudes de estos infortunados sin que se oyera un murmullo. Maldecían acerca de las temperaturas, pero no expresaron ningún reproche sobre el sueño de gloria del emperador». Y cuando llegó al confort del hogar recibió felicitaciones por su retorno sano y salvo, sin que nadie pusiera reparos cuando mostró su intención de movilizar más carne de cañón en persecución de aquel sueño de gloria.

Casi exactamente ciento veintinueve años después de que Napoleón emprendiera la invasión de Rusia, el 22 de junio de 1941, Hitler comenzaba su ataque contra el mismo país. A pesar de los cambios revolucionarios habidos entre ambas fechas, el alemán iba a proporcionar otra trágica demostración de que la humanidad, y menos sus «grandes hombres», nunca aprende de la historia.

El error de base de las dictaduras

No sería justo, sin embargo, dejar de reconocer que los regímenes autoritarios, como el de Napoleón, han obtenido a veces buenos resultados, tanto en el terreno material como en el espiritual. En pocos años han logrado muchas reformas sociales y algunos avances prácticos que en una democracia habrían tardado generaciones en ser debatidos. Asimismo, existe un interés especial de los dictadores por apoyar ciertas obras públicas, actividades artísticas o expediciones arqueológicas en las que un Gobierno parlamentario no estaría interesado, al no reportar votos.

También podría anotarse en el haber de los sistemas totalitarios el estímulo para desarrollar servicios de utilidad común y, hasta cierto punto, para la generación de un espíritu colectivo o de fraternidad. A este respecto, el efecto sobre la nación es similar al de la guerra. Y, como en la guerra, la buena voluntad de la mayoría sin poder tiende a ocultar las intrigas de la minoría poderosa, que corrompe las raíces y malogra el árbol hasta su decadencia. Porque las malas intenciones nunca conducen a buen fin.

Sus propias declaraciones de fe son la verdadera prueba de los regímenes autoritarios. A la hora de sopesar sus defectos, no hay necesidad de discutir sobre casos particulares —que las víctimas afirman y ellos niegan—, porque estos sistemas alardean con orgullo de un talante que convierte tales casos en absolutamente probables.

Es el poder del pensamiento lo que ha generado la corriente de progreso humano a través de los tiempos. Por lo tanto, el ser humano reflexivo debe estar en contra del autoritarismo en cualquiera de sus formas, pues este muestra su temor a los pensamientos que no se adaptan a su poder temporal.

Cualquier escritor sincero debe estar en su contra, porque el autoritarismo cree en la censura y aprueba absurdos «medievales» como la quema de libros.

Cualquier auténtico historiador debe estar en su contra, porque comprenderá que el autoritarismo conduce a la repetición de viejas locuras, así como a la adulteración deliberada de la historia.

Cualquiera que intente resolver problemas de forma científica debe estar en su contra, ya que el autoritarismo se niega a reconocer que en la duda metódica reside la esencia vital de la ciencia.

En resumen, cualquiera que busque la verdad debe estar en su contra, porque el autoritarismo subordina la verdad a la conveniencia del Estado. Y ello conlleva estancamiento.

Pero el «antifascismo» o el «anticomunismo» no son suficientes. Ni siquiera lo es la defensa de la libertad. Lo que se ha ganado no puede mantenerse contra la invasión exterior o la erosión interna si nos contentamos con quedarnos quietos. Superar el atractivo que el fascismo ejerce con su aparente positivismo solo se consigue con más libertad. Los pueblos que son parcialmente libres como resultado de lo que sus antepasados lograron en los siglos XVII, XVIII y XIX deben continuar difundiendo la buena nueva de la libertad y trabajar por la extensión de las condiciones, tanto socioeconómicas como políticas, que son esenciales para hacer libres a los seres humanos.

Tendencias inquietantes

Observando la situación actual de Gran Bretaña, Estados Unidos y otros países democráticos, en comparación con el pasado y desde un punto de vista objetivo, me parece que, aunque ha habido progresos en ciertos aspectos, los problemas se han multiplicado en otros muchos y, en conjunto, pueden ser peores.

Uno de esos aspectos problemáticos es el excesivo desarrollo de un falso «sentimiento de seguridad», más burocrático que realista, puesto que a veces se lleva a extremos ridículos. Sin duda, es difícil para un Parlamento adquirir el conocimiento necesario que le sirva de base para debatir problemas de defensa con suficientes elementos de juicio, pero ha de intentarse. Otro factor negativo, relacionado con el primero, es cierta mentalidad de pasividad, lo que afecta especialmente a los funcionarios en activo.

Los artículos que el mayor-general J. F. C. Fuller y yo mismo escribimos acerca de las deficiencias de nuestro ejército en contraste con los nuevos desarrollos que estaban realizando otros países durante el periodo de entreguerras causaron malestar en el Ministerio de la Guerra. Pero aunque ello nos granjeó enemistades, las autoridades nunca llegaron al extremo de prohibir su publicación. Las teorías heterodoxas que expresamos en su momento se han convertido en la ortodoxia, pero cualquiera que hoy intentara una renovación de ideas, proyectar una mirada diferente sobre el futuro o mostrarse crítico con la doctrina imperante, posiblemente encontraría más dificultades para obtener los permisos de publicación.

La falacia de la coacción

Aprendemos de la historia que el principio de obligatoriedad —coacción o coerción— siempre quiebra en la práctica. Es factible impedir que los hombres hagan algo; además, un principio de restricción, o de regulación, está esencialmente justificado en la medida en que su aplicación sea necesaria para evitar interferencias con la libertad de los demás. Pero, en realidad, no es posible obligar a las personas a hacer algo sin arriesgar más de lo que se obtendría con el esfuerzo que entraña esa obligación. El método pudiera parecer viable porque a menudo funciona cuando se aplica a los que simplemente dudan. Sin embargo, cuando se aplica a los que definitivamente no están dispuestos a aceptarlo, fracasa tanto por las fricciones que genera como por fomentar formas sutiles de eludir la obligatoriedad que malogran el efecto apetecido. Porque la prueba de que un principio funciona se encuentra en el producto resultante.

La eficacia brota del entusiasmo, pues solo este puede generar un impulso dinámico. Y el entusiasmo es incompatible con la coacción, al ser esencialmente espontáneo. La coacción lleva aparejada una disminución del entusiasmo, pues lo agota hasta las mismas raíces. Cuanto más se hayan acostumbrado un individuo o una nación a la libertad, mayor resistencia encontrará la aplicación de un cambio coercitivo.

Muchos años dedicados al estudio de la guerra, un estudio que paulatinamente fue más allá de las cuestiones técnicas para llegar a las esencias, cambiaron mi creencia anterior sobre la validez del servicio militar obligatorio. Me hicieron ver que el principio coercitivo era básicamente ineficaz y el método de conscripción, anticuado en la medida en que se aferraban, como la hiedra, a criterios cuantitativos, en una época en que la guerra tendía a convertirse en un fenómeno donde, cada vez más, primarían los criterios cualitativos. Porque aquel sistema mantenía la superstición de los meros números en unos tiempos en que las capacidades y la entrega eran cada vez más necesarias para el manejo óptimo de las nuevas armas.

La conscripción no se adapta a las condiciones bélicas modernas; no se adapta ni a sus equipamientos técnicos altamente especializados, ni a la guerra de movimientos, ni a las fluidas situaciones de un entorno cambiante. Porque la victoria depende más que nunca de la iniciativa individual, que en realidad nace de un espíritu de responsabilidad personal, sentimientos todos ellos atrofiados por el servicio militar obligatorio. Más: cualquier hombre movilizado contra su voluntad es portador del virus de la derrota y extiende la infección de una forma desproporcionada al valor del servicio al que se ve forzado a contribuir.

Yendo más allá y meditando en profundidad sobre la cuestión, llegué también a concluir que el principal factor que contribuyó al estallido de las grandes guerras que han sacudido el mundo en las últimas generaciones había sido precisamente la conscripción.

Estas deducciones lógicas están avaladas por el análisis de la experiencia histórica. El servicio militar obligatorio, o sistema de conscripción moderno, nació en Francia, y fue, irónicamente, un hijo no deseado del entusiasmo revolucionario. En el curso de una generación, su aplicación había resultado tan odiosa que abolirlo fue una de las primeras demandas que el pueblo francés formuló tras la caída de Napoleón. Sin embargo, y mientras tanto, su semilla había germinado en un terreno más propicio, Prusia. Y justo medio siglo después, las victorias obtenidas por los prusianos llevaron a una resurrección de la conscripción en Francia. La reintroducción del sistema no fue difícil, pues el régimen autocrático de Napoleón III había acostumbrado al pueblo francés a las interferencias y restricciones impuestas por la Administración. Durante la generación siguiente, la resurrección del espíritu de libertad en Francia fue acompañada por una molesta burocracia que, como un parásito, se alimentaba del cuerpo político. De modo que los franceses nunca podrían tener un éxito completo para recuperar plenamente esa libertad, y en el intento cayeron en la corrupción, que es la consecuencia natural de los esfuerzos ineficaces para desprenderse de la coacción.

Se suele considerar todavía hoy que este crecimiento rampante de la corrupción inducida por la burocracia fue la carcoma de la Tercera República. Pero en un examen más atento la causa podría rastrearse hasta más atrás, cuando un mal entendimiento de sus propios principios condujo a una fracción de los ideólogos de la Revolución francesa a adoptar un método fundamentalmente opuesto a sus ideales.

Cabría pensar que la conscripción es un sistema menos doloso para los alemanes puesto que estos son más receptivos a las normas y no tienen una tradición de libertad tan firmemente arraigada. Sin embargo, es muy elocuente que el movimiento nazi fuera en sus orígenes esencialmente voluntario, más elitista que comprehensivo, y que las principales ramas de sus fuerzas armadas —la aviación de combate y el arma acorazada— dispusieran de un sistema de reclutamiento semivoluntario. Existen, por el contrario, pocas evidencias que sugieran que la «masa» del ejército alemán tuviera el mismo grado de entusiasmo que aquellas, antes al contrario: la realidad sugiere que el reclutamiento masivo constituyó una de las debilidades de la aparente fuerza de Alemania.

La conscripción fue el sistema surgido de un mal entendimiento de los principios de la Revolución francesa, luego explotado por Napoleón en su ambición egocéntrica y posteriormente renovado para servir a los intereses del militarismo prusiano. Después de socavar la «era de la razón» del siglo xviii, había allanado el camino para el reinado de la sinrazón de la edad contemporánea.

La obligatoriedad contribuye a precipitar las guerras antes que a acelerar su final —excepto en la acepción negativa de avivar el cansancio provocado por los conflictos y otras causas subyacentes a las derrotas—. El sistema de conscripción precipitó la guerra en 1914 al allanar el camino para que la movilización masiva de los ejércitos contribuyera a quebrar la vida nacional y a crear una atmósfera en la que cualquier negociación se mostrara imposible, confirmando así la advertencia de que «la movilización significa la guerra». Durante la conflagración, los efectos perniciosos del sistema se encuentran entre los síntomas que precedieron al colapso de los ejércitos de Rusia, Austria y Alemania, así como al declive de los de Francia e Italia. Fueron los Estados menos libres los que colapsaron ante el esfuerzo bélico, y lo hicieron en orden proporcional a su falta de libertades. Por el contrario, se suele reconocer que la mejor fuerza de combate durante los cuatro años de guerra fue el cuerpo expedicionario australiano, que había descartado el sistema de movilización forzosa y en el que no existía la menor insistencia para practicar una obediencia ciega.

Resulta elocuente que el origen de la tendencia a la conscripción pueda ser rastreado en los años inmediatamente anteriores a la guerra, incluso en fechas previas a la adopción del servicio militar obligatorio, justo cuando una importante fracción de la gente influyente de Gran Bretaña estaba más impresionada con los avances del nazismo que alarmada por sus peligros. Ya en el invierno anterior a los acuerdos de Múnich se lanzó una campaña por el «servicio nacional universal». Tal y como la definió lord Lothian en una carta a *The Times* fechada en marzo de 1938, esta llamada comprendería «la adscripción de todo ciudadano» a un tipo de servicio específico «tanto en paz como en situación de emergencia». Se perfilaba entonces, pero también ahora, como una medida «pedagógica».

Este sistema implica la eliminación del juicio propio, el derecho individual más preciado de los ingleses. Viola el principio cardinal de una comunidad libre, a saber, que no debe haber restricción de la libertad personal salvo cuando esta se ejerza para colisionar activamente contra la de los demás. Nuestra tradición de libertad individual es un fruto maduro obtenido tras siglos de esfuerzo. Renunciar a ella en el ámbito interno después de haber luchado para defenderla contra los peligros en el exterior sería un giro sumamente irónico de nuestra historia. En lo que respecta a la prestación de servicios individuales, la libertad significa el derecho a ser fiel a tus propias convicciones, a elegir tu camino y a decidir si determinada causa merece entrega y sacrificio. Y esta es la verdadera diferencia entre el hombre libre y la persona esclavizada por el Estado.

A menos que la gran mayoría de un pueblo esté dispuesta a prestar servicios obligatorios, hay algo que falla en un Estado que opta por la coacción. Ni obtendrá ventajas ni la coacción supondrá una gran diferencia a favor. Puede que estemos lejos de haber alcanzado un grado óptimo de libertad, de libertad económica en particular, pero la mejor garantía para nuestro futuro reside en el avance de las condiciones en las que la libertad puede ser ejercida y florecer, no en el abandono de los elementos esenciales sobre los que se asienta.

Al proclamar la idea del servicio obligatorio, sus defensores han subrayado a menudo que el principio se adoptó en nuestro corpus legislativo en ciertos momentos de alarma, y se aplicó de forma aleatoria a las clases más pobres de la comunidad durante el siglo XVIII y principios del XIX. Lo que no han tenido en cuenta es el desarrollo paulatino de nuestros principios nacionales y la forma en que nuestro concepto de libertad ha ido ensanchado su significado durante el último siglo.

Fue un avance de la civilización británica lo que nos llevó, primero, a cuestionar y, después, a descartar tanto la condena de trabajos forzados como el comercio de esclavos. La conexión entre ambas prácticas como violaciones de nuestros principios fundamentales era obvia. ¿Se dirige nuestra civilización hacia su ocaso?

Otro falso argumento es que, puesto que el servicio militar universal ha sido durante mucho tiempo la norma en los países continentales, incluidos los que siguen siendo democracias, no debemos temer el efecto de adoptarlo aquí. Pero cuanto más he profundizado en el estudio de la guerra y de la historia del siglo pasado, más me he acercado a la conclusión de que el desarrollo de la conscripción ha perjudicado el crecimiento de la idea de libertad en aquellos países y, por tanto, también ha dañado su eficiencia al socavar el sentido de responsabilidad personal. Existen demasiadas pruebas de que nuestra adopción temporal del servicio obligatorio en la última guerra tuvo un efecto perjudicial y prolongado para el desarrollo de la libertad y la democracia. Por mi parte, he llegado a mi convicción actual de la importancia suprema de la libertad a través de la búsqueda de la eficacia. Creo que la libertad es la base de la eficiencia, tanto nacional como militar. Por lo tanto, es una locura práctica, además de una renuncia espiritual, «volverse totalitario» como resultado de la lucha por la existencia contra los Estados totalitarios. Suprimiendo el incentivo al servicio voluntario, cercenamos la misma esencia de una comunidad libre.

Debemos darnos cuenta de que es más fácil aplicar el principio de obligatoriedad que deshacerse de él. Una vez adoptada la obligatoriedad del servicio personal en tiempos de paz, será difícil resistirse a su extensión a todos los demás aspectos de la vida de la nación, incluida la libertad de pensamiento, expresión y prensa. Así que, antes de dar un paso fatal hacia el totalitarismo, hemos de reflexionar y anticiparnos. ¿O estamos ya tan acostumbrados a nuestras cadenas que no somos conscientes de ellas?

¿Progreso por coacción?

Es justo reconocer que muchos de los que abogan por el servicio obligatorio están movidos por el deseo de que este debiera ser, y la creencia de que en efecto será, un medio para lograr un buen fin. Este punto de vista es tan solo un aspecto de la idea más amplia de que es posible hacer buenos a los seres humanos; que no solo hay que mostrarles el camino para que sean mejores, sino incluso obligarlos a que lo sigan. Una idea que han sostenido muchos reformistas, la mayoría de los revolucionarios y todos los oportunistas. Ha persistido generación tras generación, aunque ha sido repetidamente desmentida por la experiencia de la historia. Y está estrechamente relacionada —o al menos emparentada— con la concepción totalitaria de los movimientos fascistas y comunistas.

Sin embargo, al tiempo que señalamos la analogía —y la falacia—, deberíamos distinguir entre los lados activo y pasivo del principio de coacción. El segundo comprende todas las normas que se elaboran para eliminar obstáculos al progreso e impedir las interferencias de sectores que buscan su propio interés u obstaculizan conscientemente los de la comunidad. Puede definirse como un procedimiento de regulación, en contraste con la coerción real, que es, estrictamente, el proceso proactivo de obligar a la gente a realizar alguna acción en contra de su voluntad. La regulación, en el sentido protector así definido, puede ser necesaria e incluso útil para promover el verdadero progreso. No infringe el principio de libertad, siempre que se aplique de forma inteligente, ya que se acoge al corolario de que la libertad de uno no le otorga licencia para interferir en la libertad de los demás. Además, concuerda con la filosofía de que ciertas acciones regulatorias suponen la mejor oportunidad para garantizar un verdadero paso adelante, pues su valor reside en procurar evitar los errores que, por experiencia, se sabe han arruinado o distorsionado los intentos de avance en el pasado.

Al mismo tiempo, la historia nos advierte de que, incluso en el mejor sentido normativo, la pretensión de lograr el progreso por decreto puede conducir a la reacción. Cuanto más apresurado sea el esfuerzo, mayor será el riesgo de que perdure. La forma más segura de alcanzar el progreso es generando y difundiendo el pensamiento de mejora. Las reformas que perviven son las que surgen de manera natural, y con menos fricción, cuando las mentes de las personas están maduras para ellas. Una vida dedicada a sembrar unas pocas semillas de pensamiento fructífero es una vida empleada eficazmente, más que cualquier acción precipitada engendradora de una cosecha de malas hierbas. Esto nos lleva a ver la diferencia, una diferencia verdaderamente vital, entre influencia y poder.

Guerra y paz

El deseo de poder

Aprendemos de la historia que uno de los principales obstáculos para el progreso es el siempre popular mito del «gran hombre». Si bien la «grandeza» puede utilizarse en un sentido comparativo, aunque se refiera más bien a cualidades particulares que a una suma acumulada de ellas, el «gran hombre» es un ídolo de barro cuyo pedestal ha sido construido por la natural inclinación humana de admirar a alguien, pero cuya forma ha sido esculpida por hombres que aún no han superado el deseo de ser considerados, o de imaginarse a sí mismos, como grandes hombres. Muchos de los que llegan al poder bajo los sistemas actuales poseen sus cualidades. Pocos carecen de algo bueno. Pero para mantener su poder es más fácil, y parece más seguro, apelar al mínimo común denominador de la gente: al instinto más que a la razón, al interés más que al derecho, a la conveniencia más que a los principios. Todo ello suena práctico y, por lo tanto, puede inspirar respeto allí donde hablar de ideales solo suscitaría desconfianza. Pero en la práctica no hay nada más difícil que descubrir dónde está esa conveniencia, pues una conveniencia conduce a otra en un círculo vicioso de nudos interminables.

La miopía de la conveniencia

Aprendemos de la historia que la conveniencia rara vez se ha mostrado conveniente. Quizá hoy más que nunca los estadistas del mundo hablan el lenguaje de la conveniencia, casi como si temieran ser etiquetados de «poco prácticos» en relación con sus principios. Son especialmente dados a enfatizar la necesidad de «realismo». Esta actitud sonaría bien si implicara un claro sentido de las lecciones aprendidas de la historia. No es realista, por ejemplo, subestimar la fuerza del idealismo. Pero tampoco ignorar los principios y condicionantes militares en la toma de decisiones políticas o a la hora de realizar promesas. Y el realismo, además, ha de venir combinado con la capacidad de ver más allá, esto es, de visualizar uno o dos movimientos por adelantado.

La fuerza de la política británica ha residido en su capacidad de adaptación a las circunstancias a medida que estas se iban presentando; su debilidad, que las circunstancias (normalmente, dificultades) podrían haberse manejado mejor si se hubieran previsto. Una reflexión sugerida por los últimos siglos de historia, especialmente en lo que respecta a nuestros asuntos exteriores en el Mediterráneo, es que la política británica ha sido mejor, no solo en espíritu sino en la práctica, cuando ha estado lo más cerca posible de ser honesta. La oposición entre los impulsos morales y los intereses materiales de Gran Bretaña produjo una serie de sobresaltos particularmente en sus relaciones con Turquía. De manera reiterada se buscó cultivar la cercanía al sultán como un contrapoder de Francia o Rusia en Oriente Próximo, pero a menudo nos vimos compelidos a actuar contra él porque su comportamiento chocaba con nuestro sentido de la justicia y nuestros sentimientos mismos.

A la luz de esos cientos de años de historia y de sus secuelas, el recurso a nuestra tendencia natural al compromiso no siempre ha producido los efectos deseados. El delicado balance que ello exige para ser efectivo requiere de un Maquiavelo, pero los ingleses no son maquiavélicos. Nunca podrán librarse de ciertos escrúpulos morales como para desempeñar ese papel. Por lo tanto, siempre e inevitablemente estarán en desventaja en una disputa amoral, ya sea por doblez o a sangre y fuego. Darse cuenta de esta «debilidad» inherente sugiere que Gran Bretaña podría mejorar su política, caso de mostrar más contundencia moral. En cualquier caso, el experimento aún está por probar.

Por otra parte, hay muchas experiencias que muestran los dilemas y peligros a los que el desajuste moral y material de Gran Bretaña la ha conducido. Mientras contábamos complacientemente con la gratitud de los turcos, ellos no olvidaban la poca consistencia de nuestra actitud. Y al poner el peso de nuestra influencia del lado del sultán y de su camarilla palaciega en contra del movimiento de los jóvenes turcos en pro de la reforma, no solo perdimos nuestra influencia para frenar sus excesos, sino que los lanzamos indolentemente en brazos de Alemania.

¡Cuán diferentes serían los asuntos del mundo con un poco más de decencia, con un poco más de honestidad, con un poco más de reflexión! Pensar, sobre todo, para ver un poco más allá y ser conscientes de los peligros de consentir el mal. Intentamos participar en el viejo juego diplomático, pero no podemos esperar hacerlo con éxito, pues hemos adquirido escrúpulos de los que están libres quienes practican la *realpolitik* o pragmatismo político, un concepto que todavía no ha llegado a su máxima expresión.

Uno puede entender el punto de vista de quien se dedica a la «piratería» descarada y busca su propio beneficio sin tener en cuenta a los demás. Quizá obtenga su botín, aunque no sea consciente de que lo que pierde supera con creces su ganancia, porque en el proceso está condenando su propia alma. Pero no cabe ver sentido, ni siquiera uno tan miope, cuando se defienden las normas de la decencia en la vida privada y, sin embargo, se aboga, o al menos se consiente, la ley de la selva en los asuntos públicos e internacionales. Más ilógicos son aún quienes hablan de abnegación patriótica y de sublime espiritualidad mientras predican el puro egoísmo en los asuntos mundiales.

¿De qué sirve que alguien se sacrifique para proteger la patria si no es con la esperanza, y en la idea, de proporcionarle la oportunidad de continuar su progreso espiritual para convertirse en un país mejor? Lo contrario es preservar meramente la carcasa, salvar la forma pero no el espíritu. Solo un patriotismo perverso es capaz de semejante locura sin remedio.

¿Qué valor tiene el patriotismo si este no significa más que la querencia de un gato al calor de su propia chimenea, en lugar de hacia los seres humanos? Y, como el gato, un «patriota» de esta naturaleza es propenso a quemarse cuando la casa se incendia.

La importancia de cumplir las promesas

La civilización se basa en la práctica de cumplir las promesas. Esto no debe sonar como una sentencia grandilocuente, pues la confianza en su observancia mantiene la entera estructura libre de grietas y vicios. Cualquier esfuerzo constructivo en las relaciones humanas, ya sean personales, políticas o comerciales, depende de la capacidad de confiar en las promesas.

Esta verdad tiene un claro reflejo en la cuestión de la seguridad colectiva entre las naciones y en la última lección de la historia con respecto a ese tema. En los años anteriores a la guerra, se acusaba constantemente a los partidarios de mantener las promesas de estar bordeando precisamente el riesgo de un estallido bélico por su escrupuloso respeto a los pactos. Aunque pudieran haber sido torpes al ignorar las condiciones necesarias para el cumplimiento efectivo de aquellas, al menos demostraron ser hombres de honor y, a largo plazo, tener un sentido común más sólido que aquellos que argumentaban que debíamos dar carta blanca a los agresores siempre que a nosotros nos dejaran en paz. La historia ha demostrado, en repetidas ocasiones, que la esperanza de comprar seguridad de esta manera es el mayor de los engaños.

La importancia de la cautela al realizar promesas

Es inmoral realizar promesas que uno no puede cumplir, al menos en la forma en que el beneficiario de las mismas desea. En ese sentido, en 1939, yo mismo cuestioné la moralidad subyacente a la denominada garantía polaca, así como su sentido práctico. Si los polacos hubieran sido conscientes de la incapacidad militar de Gran Bretaña y Francia para salvarlos de una derrota, y de lo que tal derrota significaría para ellos individual y colectivamente, con seguridad no habrían mostrado una oposición tan obstinada a las —en principio— limitadas demandas de Alemania, básicamente la ciudad de Danzig y su corredor. Como me parecía obvio que estaban abocados a perder tales porciones de territorio y muchos otros lugares en caso de conflicto, me resultaba improcedente por nuestra parte realizar promesas que alentaran falsas esperanzas.

Más: también me parecía que compromisos de esa naturaleza eran el camino más corto y cierto hacia la guerra, por la inevitable provocación que suponía un tratado de garantía en aquellos momentos de tensión en una zona totalmente alejada de nuestra esfera de influencia; también, porque esgrimir tal garantía ante un pueblo militarista como el alemán solo demostraba debilidad; y porque su natural efecto sería el de endurecer la postura de los polacos, que siempre se han mostrado excepcionalmente intratables en cualquier tipo de negociación.

Un historiador no podía dejar de apreciar ciertas similitudes entre la situación germano-polaca y la del Reino Unido y las repúblicas bóeres de hacía cuarenta años, ni el recuerdo de los intentos de otras potencias europeas para inducirnos o forzarnos a negociar un acuerdo con los bóeres. Si nuestra reacción de entonces había sido tan violenta, no podía esperarse que una nación más belicosa respondiera de manera menos agresiva, especialmente cuando la negociación incluía la promesa de una declaración de guerra si Polonia se resistía a las exigencias alemanas.

Merece la pena recordar que Gladstone, uno de nuestros políticos más enfáticos a la hora de condenar agresiones, enunció una serie de principios rectores de la política exterior británica para ilustrar a la reina Victoria cuando se convirtió en primer ministro en 1869. Las circunstancias de entonces, antes de que se organizara el sistema de seguridad colectiva, eran muy similares a las de 1939, cuando ese sistema ya se había disuelto de hecho. Entre las observaciones introductorias, afirmaba:

Aunque Europa nunca vio a Inglaterra desfallecer, sabemos a qué precio en términos de peligro interno para todas sus instituciones tuvo que abrirse camino el país hasta llegar a la clara situación de predominio de 1815. [...] ¿Está Inglaterra tan avanzada en la relación de fuerzas con otras potencias como para poder presentarse prudentemente como garante de la reparación global de agravios? ¿No serían las consecuencias de tales promesas el agotamiento prematuro de sus medios, o un colapso de los mismos llegada la hora de ejecutarlas?

Y los principios que entonces estableció fueron los siguientes:

Que Inglaterra debería mantener la iniciativa para estimar cuáles eran sus propias obligaciones. [...] Que Inglaterra no debería limitar su propia libertad de acción mediante declaraciones hechas a otras potencias de las que al menos cabría esperar un compromiso conjunto. [...] Que, pase lo que pase, es preferible para Inglaterra prometer demasiado poco que mucho. Que Inglaterra no debería alentar a los débiles dándoles esperanzas de ayuda para resistir a los fuertes, sino más bien tratar de disuadir a los fuertes, mediante un lenguaje firme pero moderado, de realizar agresiones contra los débiles.

El germen de la guerra

Este tipo de escollos políticos están estrechamente relacionados con las propias causas de la guerra. Simpatías y antipatías, intereses y lealtades nublan la visión. Y este tipo de visión cortoplacista es propenso a provocar cortoplacistas reacciones.

Para arrojar algo de luz sobre los procesos por los que se producen y estallan las guerras, nada resulta más esclarecedor que un estudio de los cincuenta años de historia que precedieron a 1914. Las causas esenciales se pueden rastrear no tanto en los documentos oficiales compilados por gobernantes, ministros y generales como en sus anotaciones marginales y efusiones verbales. Porque es ahí donde se aprecian sus prejuicios instintivos, la falta de interés en la búsqueda de la verdad por sí misma y la indiferencia por la exactitud de las declaraciones o por la acogida que tendrán, lo que constituye una salvaguarda contra peligrosos malentendidos.

He llegado a pensar que la exactitud, en el sentido más profundo del término, es una virtud básica, el verdadero fundamento del entendimiento y la garantía de progreso. La causa de la mayoría de los problemas son los excesos: la incapacidad para controlarlos o su falta de oportunidad, y la única prevención contra ellos radica en la moderación. Así, en el caso de los problemas que surgen de la comunicación oral o escrita, su causa se encuentra en la exageración y su mantenimiento en la subestimación; mientras que su prevención radica en la declaración exacta. Esto se aplica tanto a la vida privada como a la pública.

Los juicios aplastantes, los rumores malintencionados, las declaraciones inexactas que difunden una impresión engañosa, todos ellos son síntomas de la imprudencia moral y mental que da origen a la guerra. Al estudiar sus efectos, uno se da cuenta de que los gérmenes que conducen a su estallido se encuentran dentro de nosotros mismos, y no en la economía, en la política o en la religión como tales. ¿Cómo podemos esperar librar al mundo del mal de la guerra mientras no nos hayamos curado nosotros mismos de las causas que la originan?

¿Cómo actúan los gérmenes que originan la guerra?

Estos gérmenes se muestran más virulentos entre quienes dirigen los asuntos exteriores de las naciones. La atmósfera de poder, y la actividad en pos del poder, los excitan. La forma en que actúan puede rastrearse claramente al examinar los orígenes y el desarrollo de la Primera Guerra Mundial. Si bien los económicos actuaron como un agente de predisposición hacia la guerra, los factores más profundos y decisivos residían en la naturaleza humana: en su posesividad, competitividad, vanidad y belicosidad, todos ellos fomentados por la deshonestidad que engendra la inexactitud.

A lo largo de los veinticinco años que precedieron a aquella guerra, uno de los síntomas más significativos puede apreciarse en la propia vanidad del káiser y en el efecto que sobre ella tuvo la curiosa mezcla de afecto y celos que profesaba hacia Inglaterra. La comprensión de este sentimiento nos permite ver cómo sus peores tendencias se agudizaban frecuentemente por los desplantes que Eduardo VII estaba dispuesto a administrar a un sobrino al que consideraba mal intencionado.

Cuando llegamos a las fatídicas semanas que precedieron al estallido de la guerra, observamos el importante papel que desempeñaron en Austria y Rusia el resentimiento por las humillaciones pasadas y el temor a un nuevo «desaire». Ambos Gobiernos, y sus ministros de Asuntos Exteriores en particular, estaban demasiado dispuestos a llevar la miseria a millones de personas antes que a controlar su orgullo herido. Y en la crucial fase inicial de la crisis, el Gobierno austriaco se vio impulsado a adoptar una posición de la que no podría apearse fácilmente por el estímulo que le daba el káiser para que recurriera a medidas contundentes.

La ironía de la historia, y el absurdo de los factores que la condicionan, nunca se mostraron más claramente que en aquel momento. La crisis surgió a raíz del asesinato del archiduque Francisco Fernando de Austria a manos de un puñado de jóvenes eslavos, que habían buscado y recibido ayuda de una sociedad secreta serbia conocida como la Mano Negra. Pero asesinaron precisamente al único hombre influyente en Austria que potencialmente podría haberse mostrado amistoso y haber atendido las esperanzas de su causa.

El Gobierno austriaco, acaso satisfecho por su eliminación, utilizó el asesinato como excusa para someter a Serbia. El apoyo inicial del káiser a un posicionamiento duro de Austria frente a Serbia parece haberse inspirado tanto en su «real» indignación por el derramamiento de sangre real como por su temor a que, si aconsejaba moderación, se le reprochara debilidad. Cuando apreció el peligro inminente de entrar en guerra, intentó dar marcha atrás, pero ya era demasiado tarde. Y el Gobierno austriaco, a su vez, temía que, si mostraba vacilación, podría perder el apoyo de Alemania. Así que se apresuró a declarar la guerra a Serbia, sin tener en consideración los riesgos de desencadenar una conflagración generalizada.

La amenaza contra Serbia era una afrenta a Rusia, cuyo Gobierno trataba al país eslavo como su protegido. Habiéndose asegurado el apoyo de Francia, Rusia decidió entonces realizar una movilización de sus fuerzas sobre la frontera austriaca. Pero el elemento militar intervino aduciendo que una movilización parcial no sería suficiente, insistiendo, por tanto, en una de carácter general que incluyera también la frontera con Alemania.

Los militares, con sus «razonamientos militares», se hicieron entonces con el mando total. El Alto Estado Mayor alemán, que había estado incitando en privado al austriaco para que aprovechara la situación, se vio habilitado para usar como argumento la movilización de Rusia en aras de anular las tardías cautelas del káiser. Alegando que la situación era más propicia de lo que podría ser más tarde, triunfaron al conseguir una declaración de guerra contra Rusia. Pero ello implicaba la guerra con Francia, no solo porque esta era aliada de Rusia, sino porque el plan militar alemán había sido realizado pensando en una guerra en dos frentes al mismo tiempo, y era tan inflexible en su concepción que apenas podía ser modificado sin alterar todo el conjunto. Por lo que a pesar de las débiles protestas del káiser y de su canciller, la guerra fue declarada contra Francia y Rusia simultáneamente.

Como el plan, meditado desde mucho tiempo atrás, se había diseñado para eludir las fortalezas fronterizas francesas atravesando Bélgica, la violación de la neutralidad de este país comprometió a Gran Bretaña como uno de sus garantes, cortando así el nudo gordiano de la maraña en la que nos habíamos enredado al cambiar nuestra tradicional política de aislamiento por un acuerdo con Francia, que, a su vez, se complicaba por la forma en que el Estado Mayor había trazado ya detallados planes de transporte de tropas con el Estado Mayor francés y a espaldas del Gabinete.

La forma en que nos vimos arrastrados a la guerra fue, por nuestra parte, una sorprendente muestra de los inconvenientes de contraer compromisos vagos sin pensar en las implicaciones y los problemas militares. Por otra parte, constituyó un flagrante ejemplo de insensatez, al permitir que la mente puramente bélica elaborase planes rígidos sobre bases técnicas sin atender a consideraciones más amplias: políticas, económicas y morales. Como resultado, cuando el plan fracasó, Alemania se encontró en un atolladero del que no podía salir airosamente.

¿Cómo perduran los gérmenes?

Influencias similares echaron por tierra todas las posibilidades de poner fin a la guerra en términos satisfactorios antes de que todos los países estuvieran exhaustos. En 1917, los partidarios de la paz en Alemania ganaron ascendencia sobre el káiser y estaban dispuestos no solo a retirarse de todos los territorios conquistados, sino también a ceder a Francia la región de Alsacia-Lorena, excepto una porción; en otras palabras, a concederle al rival todo lo que este acabaría finalmente ganando, pero sin sacrificar más vidas.

Como reveló más tarde lord Esher, consejero privado del rey Jorge V, la propuesta se vio frustrada, sin conocimiento del Gobierno británico, por el mezquino resentimiento del señor Ribot ante la circunstancia de que la negociación se hubiera llevado a cabo a través del señor Briand: «El motivo oculto fueron los celos del ministro de Asuntos Exteriores (francés) hacia el Foreign Office (británico)». Cuando se conocieron los hechos, provocaron la caída del señor Ribot. Pero para entonces, con la oferta de paz rechazada, el káiser había sido arrojado de nuevo a los brazos del partido de la guerra.

Del mismo modo, cuando el nuevo emperador de Austria intentó romper con Alemania y firmar la paz por separado, su iniciativa fue rechazada y se dejó pasar una espléndida oportunidad porque iba en contra de las desmesuradas ambiciones del señor Sonnino, ministro de Asuntos Exteriores italiano, y del señor Poincaré en Francia. La proposición se ocultó tanto a nuestro Gobierno como al norteamericano, y fue abortada por el mezquino expediente de hacer saber a los alemanes lo que el emperador austriaco sugería, entregándolo así a su indeseado socio.

En Alemania, las disputas personales y las tensiones fueron también comunes y constantes. Nada más esclarecedor se ha escrito al respecto que la reflexión a la que llegó el general Hoffmann, quizá el cerebro mejor dotado del Alto Mando de su país, sobre su experiencia de observar el tira y afloja que tuvo lugar entre la facción de Falkenhayn y la de Hindenburg-Ludendorff. Merece la pena citar en extenso su reflexión:

> Cuando uno ve de cerca a las personas influyentes —sus malas relaciones, sus ambiciones contrapuestas, todas las calumnias y el odio acumulado—, siempre debe pensar que todo ello sería mucho peor en el otro bando, en las relaciones entre franceses, ingleses y rusos, so pena de perder los nervios... La lucha por el poder y la posición personal pa-

recen destruir el carácter de los hombres. Creo que la única criatura que podría mantener su honor sería un hombre que viviera aislado en su propia granja, sin necesidad de intrigar y luchar, ya que conspirar para conseguir un tiempo benigno no parece ser la mejor idea.

Cualquier historia de la guerra que trate solo de su curso estratégico y político es meramente un retrato de la superficie. Las corrientes personales son más profundas y pueden influir más en el resultado. Así, Hoffmann bien pudo afirmar: «Por primera vez en mi vida he visto la "Historia" de cerca, y ahora sé que el proceso real de su elaboración difiere mucho del que se presenta a la posteridad».

Aprendemos de la historia que la guerra engendra más guerra. Es natural. El clima bélico estimula la aparición de todo tipo de bacilos beligerantes, y estos tienden a encontrar condiciones favorables para su desarrollo en la posguerra o en lo que, con inconsciente ironía, suele describirse como el restablecimiento de la paz.

Las condiciones son especialmente favorables para su reaparición en las secuelas de una guerra larga y agotadora, y sobre todo en una que concluye con una victoria total de uno de los bandos. Porque entonces, los que pertenecen al bando derrotado tienden naturalmente a culpar de todos sus problemas a los vencedores y, por tanto, al simple hecho de la derrota en lugar de a su propia locura. Sienten que, si hubieran ganado, habrían evitado cualquier efecto pernicioso.

La ilusión de la victoria

Aprendemos de la historia que una victoria total nunca ha logrado el resultado que los vencedores siempre esperan: una paz mejor y duradera. Porque la victoria siempre ha sembrado las semillas de una nueva guerra; porque la victoria engendra entre los vencidos un deseo de vindicación y venganza, y porque suscita nuevos rivales. En el caso de una victoria obtenida gracias a una alianza, el más común, esta es una secuela muy frecuente. Parece ser el resultado natural de la eliminación del control que pueden ejercer terceros países.

La primera lección siempre ha aparecido cuando se enfrían las pasiones. La segunda no es tan obvia, por lo que quizá merezca la pena ampliar su significado. Una victoria tan total complica inevitablemente el problema de llegar a un acuerdo de paz justo y sabio. Cuando ya no existe el contrapeso de una fuerza contraria que limite los apetitos de los vencedores, no hay control sobre el conflicto de opiniones e intereses entre los integrantes de la alianza. La divergencia puede entonces agudizarse hasta el punto de transformar la camaradería del peligro común en la hostilidad de la insatisfacción mutua, de modo que el aliado de una guerra se convierte en enemigo en la siguiente.

La victoria en su más puro significado implica que el estado de paz alcanzado sea mejor después de la contienda que el existente antes de la ruptura de las hostilidades. En este sentido, la victoria solo es posible si se puede obtener un resultado rápido o si un esfuerzo prolongado es económicamente rentable en función de los recursos nacionales. El fin debe ajustarse a los medios. Es más prudente correr los riesgos de una guerra latente para preservar la paz que afrontar el peligro de agotamiento en una guerra real para conseguir la victoria, una conclusión que va en contra de la costumbre pero que está respaldada por la experiencia. De hecho, un estudio más profundo de los acontecimientos pasados lleva a la conclusión de que las naciones a menudo podrían haberse acercado más a sus objetivos aprovechando una tregua en la lucha para discutir un acuerdo de paz que prosiguiendo la guerra con el objetivo de lograr una «victoria» decisiva.

Cuando los dos bandos están demasiado igualados como para ofrecer una posibilidad razonable de éxito temprano a cualquiera de ellos, el estadista será sabio si aplica algo de lo aprendido en la psicología de la estrategia. Porque es un principio elemental de esta que, si tu oponente se encuentra en una posición de fuerza de la que será muy costoso apearlo, debes dejarle siempre una línea de retirada como la forma más rápida de erosionar su resistencia. Igualmente, debería ser un principio de la política, especialmente en la guerra, proporcionar al oponente una escala de alternativas entre las que pueda elegir.

La importancia de la moderación

Aprendemos de la historia que, tras una guerra larga, los supervivientes suelen coincidir en que no ha habido un verdadero vencedor, sino que todos han resultado perdedores. La guerra solo es rentable si la victoria se obtiene con rapidez. Tan solo el agresor puede esperar alcanzar una victoria rápida. Si se frustra su objetivo, la guerra devendrá en larga y mutuamente ruinosa, a menos que se concluya de común acuerdo.

Dado que el agresor va a la guerra para obtener un beneficio, suele ser el más dispuesto de los dos bandos a conseguir la paz mediante un acuerdo. La parte agredida suele estar más inclinada a la venganza mediante la búsqueda de la victoria, a pesar de que toda la experiencia histórica ha demostrado que esta es un espejismo en el desierto creado por una contienda larga. Este deseo de venganza es natural, pero muy perjudicial para uno mismo. E incluso si se satisface, no hace más que iniciar un nuevo ciclo de vindicaciones. De ahí que cualquier estadista sensato debería estar dispuesto a considerar la posibilidad de poner fin al conflicto mediante un acuerdo tan pronto como esté claro que, de lo contrario, la guerra será prolongada.

El bando que ha sufrido la agresión no haría bien en pedir la paz, pues su petición podría interpretarse como un signo de debilidad o miedo. No obstante, sería prudente escuchar cualquier oferta del enemigo. Incluso si las propuestas iniciales no son lo suficientemente buenas, una vez que el Gobierno contrario ha empezado a negociar es más fácil que las mejore. Y esta es la manera ideal de relajar su dominio sobre sus tropas y su pueblo, que naturalmente tienden a desear la paz —siempre que puedan recuperarla sin ser conquistados— cuando ven que la perspectiva de un triunfo fácil se desvanece. Por el contrario, la voluntad de luchar siempre tiende a ser más fuerte entre los agredidos, por lo que es más sencillo hacer que soporten mejor cualquier negociación en busca de términos que sean satisfactorios.

La historia de los antiguos griegos demuestra que, en una democracia, la emoción prima sobre la razón en mayor medida que en otros regímenes políticos, dando así rienda suelta a las pasiones que arrastran a un Estado hacia la guerra y le impiden salir de ella en cualquier momento que no conlleve el agotamiento y la destrucción de uno u otro de los bandos enfrentados. La democracia es un sistema que frena la preparación para la guerra, agresiva o defensiva, pero no propicia su limitación ni mejora las perspectivas de paz. Ningún sistema político queda fuera de control con mayor facilidad cuando las pasiones comparecen. Estos defectos se han incrementado en las actuales democracias, dados su mayor tamaño y la presión emocional provocada por un electorado masivo.

La historia debería enseñar a los estadistas que en la práctica no existe un camino intermedio entre una paz basada en un sojuzgamiento completo y otra basada en una auténtica moderación. La historia también nos enseña que la primera genera en el vencedor dificultades sin fin, salvo cuando la guerra ha sido conducida hasta el extremo del exterminio, lo que nunca es factible. La segunda requiere de unas condiciones tan razonables que no permitan a los vencidos más posibilidad que su aceptación al apreciar las ventajas que conlleva para sus propios intereses.

La mejor contribución de Wellington al futuro de Europa después de haberse alzado con la victoria fue negociar un acuerdo de paz con Francia. En la ocupación del país conquistado mostró la misma firmeza en proteger al pueblo de malos tratos que la que exhibió cuando la amenaza de invasión había sido un medio para allanar el camino del triunfo. E hizo todo lo que pudo para prevenir los excesos revanchistas de sus aliados, incluso hasta el punto de establecer una guarnición británica en el puente de Jena de París para evitar que Blücher lo volara, insistiendo en que los ejércitos debían sentar un precedente de caballerosidad, cortesía y restricción.

Cuando llegó el momento de negociar los términos de paz, empleó toda su influencia contra la pretensión de Prusia y de otros estados alemanes de desmembrar Francia y obligarla a pagar inmensas sumas en concepto de gastos de reparación. Wellington se dio cuenta con una claridad poco común de la inutilidad de no mostrarse moderado y de la inseguridad que provocaría una paz basada en la opresión. El resultado justificó su política de restricción.

Su concepción del fenómeno bélico contribuyó a garantizar la paz con eficacia. En ese sentido, fue el menos «militarista» de los militares y nunca ambicionó la gloria. Gracias a su clara comprensión del valor intrínseco de la paz había resultado imbatido en la guerra, ya que nunca perdió de vista el fin y, por tanto, nunca se distrajo en los medios para conseguirlo. A diferencia de Napoleón, jamás adoleció del mal de poseer una visión romántica de la guerra, algo que genera tantas ilusiones como decepciones. Por eso Wellington prevaleció donde Napoleón fracasó.

Existe una tendencia recurrente en la historia a pensar que el enemigo del momento es diferente, en el sentido de que es más vil, que cualquiera de tiempos pasados. Es curioso ver cómo se repite no solo esta impresión, sino también los mismos argumentos que la refuerzan. Incluso los historiadores son propensos a perder el equilibrio cuando transitan del pasado a los problemas de su propio tiempo. En 1860, cuando Gran Bretaña temía una invasión de Napoleón III, el eminente historiador Stubbs se preguntaba por qué «ingleses y alemanes siempre han sido las naciones más pacíficas de la historia» —una observación muy poco histórica, en cualquier caso—, y se respondía a sí mismo: «Porque Francia se muestra hoy como lo ha hecho a lo largo de mil años, agresiva, sin escrúpulos, falsa».

Se aprecia hoy en Occidente un sentimiento extendido de que la «coexistencia» no es realmente posible con los regímenes totalitarios de Rusia y China y que estas seguirán aprovechando las oportunidades y obteniendo más beneficios a su favor allá donde puedan. Tal sentimiento encuentra su justificación en la experiencia histórica y en el conocimiento que se tiene de las tendencias totalitarias. Por eso mismo, los estadistas occidentales deberían diseñar sus contramedidas basándose en la lección de que «el criminal no cometerá más crímenes a menos que se vea acorralado». Esta es una verdad válida tanto para la comunidad internacional como para cualquier otra instancia de menor entidad.

Por otra parte, la tensión tiende a relajarse cuanto más se pueda posponer la perspectiva de una guerra. Esto ha ocurrido a menudo en la historia, aunque las situaciones cambian. Nunca permanecen estáticas. Pero siempre es peligroso mostrarse demasiado dinámico o impaciente en el intento de forzar las cosas. Una situación tensionada solo puede cambiar en dos direcciones, hacia la guerra o hacia su evitación. A la larga, mejorará si puede evitarse la guerra sin rendición.

La ilusión de los tratados

Una de las más claras lecciones que aprendemos de la historia es que ningún acuerdo entre Gobiernos ha tenido estabilidad más allá del reconocimiento de que conviene mantenerlos en función de los intereses de cada uno. No puedo concebir que ningún investigador histórico pueda verse impresionado por la vacía sentencia de «la santidad de los tratados».

Debemos aceptar el hecho de que las relaciones internacionales se basan en intereses, y no en principios morales. Así podrá entenderse que la validez de los tratados depende de la mutua conveniencia. Y esto puede conllevar un efecto de cierta garantía. Ya que no existe seguridad en una negociación realizada desde la debilidad, los acuerdos con mejores perspectivas de prosperar son aquellos en que las fuerzas de ambas partes están equilibradas. En este caso, cualquier acuerdo está basado en el reconocimiento mutuo de que las perspectivas de victoria de una de las partes no estarían compensadas por las perspectivas de un agotamiento mutuo, caso de enfrentamiento. O por el hecho de que ambos quedarían sujetos a los intereses de un tercero que se hubiera mantenido al margen del conflicto o participado en él solo en una escala limitada.

Los romanos acuñaron la conocida máxima que dice «Si quieres la paz, prepárate para la guerra». Pero las muchas guerras que sostuvieron, y la interminable serie de ellas que las ha continuado hasta hoy, demuestran que existía una falacia en el argumento o, al menos, que no era tan simple como parecía sin una explicación algo más profunda. Como señaló cáusticamente Calvin Coolidge después de la Primera Guerra Mundial, «ninguna nación ha tenido nunca un ejército lo suficientemente grande como para garantizar su seguridad frente a los ataques en tiempos de paz, o como para garantizar su victoria en tiempos de guerra».

Estudiando cómo han estallado las guerras del pasado, y también al término de la Primera Guerra Mundial, yo mismo sugerí que una máxima más acertada podría ser esta: «Si quieres la paz, comprende la guerra». Esta conclusión se vio reforzada por la experiencia de la Segunda Guerra Mundial y sus secuelas. La frase ayuda a señalar el camino de la paz mejor que cualquier plan artificial cuyos postulados no sean más que «castillos en el aire».

Porque cualquier plan de paz puede resultar fútil, cuando no peligroso. Como cualquier otra planificación que no sea de carácter material o técnico, quebrará por ignorar la condición humana. Peor aún, cuanto más altas sean las esperanzas depositadas en el plan, en mayor medida su colapso precipitará la guerra.

No existe una receta médica para la paz que pueda ser prescrita como una panacea. Pero al menos se pueden sentar una serie de principios prácticos o elementales deducidos de la experiencia humana acumulada a lo largo de la historia. Los podríamos resumir en ocho puntos: Estudia la guerra y aprende de la historia. Siempre que sea posible, mantente firme. Pero mantente sereno en todo caso. Demuestra una paciencia ilimitada. Nunca acorrales al oponente y ayúdale siempre a salvar la cara. Ponte en su lugar para comprender sus puntos de vista. Evita ser inflexible, nada es más cegador. Y cuídate de dos engaños comunes y fatales: la idea de la victoria y la idea de que la guerra no pueda ser limitada.

Todos estos principios ya fueron enunciados, de forma explícita o implícita, en el más antiguo de los tratados escritos sobre la guerra y la paz, el de Sun Tzu (c. 500 a. C). Las innumerables guerras, casi siempre fútiles, que han ocurrido desde entonces demuestran lo poco que los países aprenden de la historia. Pero la lección ha quedado cada vez más firmemente demostrada. Y hoy, desde el desarrollo de la bomba H, la única esperanza para la supervivencia descansa en atender escrupulosamente esos ocho pilares de la política.

El dilema del intelectual

Ni los intelectuales ni sus críticos parecen reconocer el dilema innato e inevitable propio de las personas dedicadas al pensamiento. Sin embargo, es un dilema que debería ser afrontado porque forma parte natural del crecimiento de la mente humana.

Un intelectual debería darse cuenta de hasta qué punto el mundo está moldeado por las emociones humanas, emociones no controladas por la razón; su pensamiento habrá sido superficial y su observación estrecha si no es consciente de ello. Pero una vez que ha aprendido a reflexionar y a usar la razón como guía, no puede fluir con la corriente de la emoción popular y fluctuar con sus violentos cambios, a menos que él mismo deje de pensar o sea deliberadamente falso con respecto a su propio pensamiento. Y en este último caso es probable que cometa suicidio intelectual, de manera gradual, mediante «la muerte de mil cortes».

Un diagnóstico más profundo de la enfermedad que los intelectuales de izquierdas han sufrido en el pasado podría sugerir que sus problemas han venido no de seguir la estela de la razón demasiado lejos, sino de no seguirla lo suficientemente lejos como para darse cuenta del poder general de la sinrazón. Muchos de ellos también parecen haber padecido el mal de no aplicar la razón, tanto interna como externamente, al no haberla utilizado para controlar sus propias emociones. De ese modo, contribuyeron inconscientemente a abocar a este país a la última guerra y, como resultado de ello, se encontraron a sí mismos en un atolladero intelectual.

En una de las críticas más penetrantes escritas sobre este tema, George Orwell expresó una profunda verdad al decir que «la energía que realmente da forma al mundo surge de las emociones». Se refería al poder profundamente arraigado y dinámico de conceptos como «el orgullo racial, el culto a la personalidad, las creencias religiosas o la pasión por la guerra». Pero hay otras emociones poderosas más allá de estas. La energía del intelectual surge también de un sentimiento: el amor a la verdad, el deseo de un conocimiento y una comprensión más amplios. Esa emoción ha contribuido a conformar el mundo, como demuestra con claridad un estudio de la historia universal. En la cabeza pensante, esa fuente de energía solo se agota cuando deja de creer en el poder orientador del pensamiento y se convierte en un mero vehículo de transmisión de las emociones populares que predominan en cada momento.

Bertrand Russell señaló en 1964 que «la tarea de persuadir a los Gobiernos y a los pueblos de los desastres de una guerra nuclear ha sido en gran medida cumplida», e iba más lejos al añadir que se había «cumplido gracias a una combinación de medios de agitación». Pero si hay algo que parece evidente es que tales métodos han tenido un efecto muy menor en comparación con los resultados conseguidos por los argumentos esgrimidos para convencer al liderazgo militar de que una guerra nuclear sería tan improductiva como suicida.

La historia atestigua el papel vital que los «profetas» han desempeñado en el progreso humano, lo que prueba el valor práctico de expresar sin reservas la verdad tal y como uno la concibe. Pero también queda claro que la aceptación y difusión de sus visiones ha dependido siempre de otro tipo de personas, los «líderes», que han de ser una especie de estrategas filosóficos a la búsqueda de un compromiso entre esa «verdad» y la receptividad de los seres humanos hacia ella. Su efectividad ha dependido a menudo de sus propias limitaciones a la hora de percibir la verdad y de su capacidad para proclamarla.

Los profetas deben ser apedreados: ese es su destino y la prueba del autocumplimiento de sus propias profecías. Pero que un líder sea apedreado, por el contrario, demuestra el fracaso de su misión, bien por incapacidad, bien por haber confundido su papel con el del profeta. Solo el tiempo dirá si el resultado de tal sacrificio le redime de su fracaso como líder y termina por honrarle como ser humano. Porque al menos habrá evitado el pecado más común de los líderes, que es sacrificar la verdad en aras de la conveniencia sin una clara ventaja para la causa. Y es que quienquiera que sacrifique la verdad por bajos intereses provocará una deformación de su propio pensamiento.

¿Existe un camino practicable que combine el progreso hacia la consecución de la verdad con el progreso hacia su aceptación? Una posible solución al dilema se encuentra en la reflexión sobre los principios de la estrategia, que subrayan la importancia de mantener el objetivo de forma consistente, pero también de perseguirlo adaptándose a las circunstancias. La resistencia a la verdad es inevitable, sobre todo si esta toma la forma de una nueva idea, pero el grado de esa reticencia puede reducirse si se reflexiona no solo sobre la finalidad, sino también sobre el modo de aproximarse a ella. Hay que evitar ataques frontales contra una postura largamente establecida; en su lugar, es mejor sobrepasarla con un movimiento de flanqueo que encuentre el lado más expuesto al empuje de la verdad. Pero en esta aproximación indirecta hay que tener cuidado de no desviarse de ella, porque nada sería peor que caer en la mentira en el transcurso del avance.

El significado de estas reflexiones puede quedar más claro ilustrándolo con ejemplos de la experiencia vivida por uno mismo. Al observar las primeras fases en que ciertas ideas novedosas ganaron en aceptación, se puede ver que el proceso fue más fácil cuando estas se presentaban no como radicalmente nuevas, sino como un mero renacimiento en los tiempos modernos de principios o prácticas bien reputados en su momento, pero caídos en el olvido. Ello no precisa del engaño, tan solo hay que atenerse al dicho de que «no hay nada nuevo bajo el sol». Un ejemplo de ello fue la manera en que la resistencia a mis propias ideas sobre la mecanización de los ejércitos fue disminuyendo al mostrar que el vehículo acorazado, el carro de combate o tanque rápido, era fundamentalmente un heredero directo del caballero armado, lo que inmediatamente hacia revivir en la mente de cualquiera el papel decisivo que la caballería había desempeñado en el pasado.

Las limitaciones del conformismo

Incluso entre los más importantes académicos no existe mayor falacia histórica que aquella que sostiene que, para ejercer el mando, uno debe aprender a obedecer. De los muchos insubordinados ilustres que podríamos encontrar entre los militares y marinos de la historia de Inglaterra, basta con pensar en Wolf o en Wellington, en Nelson y en Dundonald. En Francia, los mariscales de Napoleón, al menos en esto, fueron dignos discípulos de su maestro.

La conducta de Robert E. Lee en la academia de West Point fue tan irreprochable que nunca tuvo la menor tacha en su hoja de servicios, por lo que llegó a ser conocido entre sus compañeros como el «modelo de mármol». Cuán diferente su ejemplo del que proporcionaron sus futuros enemigos, Sherman y Grant, tan contrarios a las restricciones normativas que siempre mostraron sus protestas. El primero, ya siendo general del Ejército de los Estados Unidos, escribió:

> Entonces y ahora, la pulcritud en el uniforme y en las formas conforme a la más estricta reglamentación era la prin-

cipal cualificación de un oficial, aunque yo supongo que nunca sobresalí en esto.

En cuanto a Grant, ya de cadete rezaba para que prosperara una ley que aboliera la propia institución de forma que pudiera liberarse de sus constantes vejaciones.

Comparando sus trayectorias juveniles con la de Lee, cualquier estudiante de psicología se habría inclinado a predecir que aquellos prometían más a la hora de convertirse en generales victoriosos si se les daba la ocasión. Y que, llegada la prueba de la guerra, tendrían más posibilidades de alcanzar lo más alto.

Un alumno conformado según las más estrictas reglas académicas raramente se convertirá en un hombre que triunfe saltándose las normas estereotipadas de su tiempo, que es como se suelen conseguir los grandes éxitos. Todavía en menor medida esa formación propiciaría el desarrollo de la amplia visión que es precisa para llegar a ser un estratega y no un mero jefe de tropas en la batalla. En cuanto a Lee, lo maravilloso de su generalato no fue su legendario genio militar, sino la capacidad que poseía para superar las adversidades, que eran más de índole interna que externa.

El problema de la fuerza

Cuanto más he reflexionado sobre la experiencia de la historia, más he llegado a comprobar la inestabilidad de las soluciones logradas por la fuerza y a sospechar de aquellos casos en los que esta aparentemente resolvía dificultades. Pero la cuestión sigue siendo si podemos permitirnos eliminar la fuerza en el mundo actual sin arriesgarnos a perder el terreno ganado por la razón. Más allá de esto está la duda de si seríamos capaces de prescindir de ella, incluso si tuviéramos suficiente fortaleza mental para correr tal riesgo. Porque las mentes más débiles se aferrarán a esta protección y, al hacerlo, arruinarán la posible eficacia de la no resistencia. ¿Hay alguna salida al dilema?

Existe al menos una solución que aún no se ha probado: que los maestros de la fuerza sean aquellos que hayan dominado todo deseo de emplearla. Esta estrategia es una extensión de lo que Bernard Shaw expresó en *Major Barbara*: que las guerras continuarían hasta que los fabricantes de armamento se convirtieran en profesores de griego —y aquí tenía en mente a Gilbert Murray— o los profesores de griego se convirtieran en fabricantes de armamento. Y esto, a su vez, se derivaba de la conclusión de Platón de que los asuntos de la humanidad nunca irían bien hasta que los gobernantes se convirtieran en filósofos o los filósofos en gobernantes.

Si la fuerza armada estuviera controlada por personas convencidas de lo erróneo del uso de la fuerza, estaríamos cerca de obtener una garantía segura contra su abuso. Igualmente, tales personas podrían aproximarse más a la eficiencia en su empleo, si los enemigos de la civilización así lo exigieran. Pues cuanto más compleja se hace la guerra, más depende su dirección eficaz de la comprensión de sus propiedades y efectos; y cuanto más se profundiza en el estudio de la guerra moderna, más crece la convicción de su inutilidad.

El problema de limitar la guerra

¿Puede limitarse la guerra? La lógica responde:

> No, puesto que la guerra es la esfera de la violencia, y sería ilógico dudar a la hora de emplear cualquier tipo de violencia extrema que pueda ayudar a ganar la guerra.

Pero la historia replica:

> Tal lógica no tiene sentido. Uno va a la guerra para conseguir una paz mejor, no por el gusto de combatir. Extremar la violencia puede frustrar el objetivo primigenio, pues la victoria se vuelve en contra de uno con un efecto bumerán. Más allá, es un hecho histórico que la guerra se ha limitado en muchos sentidos.

Una lectura del relato que el mismo Julio César hizo sobre su campaña de las Galias casi convierte a Hitler en un caballero si se compara con aquel visionario de la civilización romana que todavía hoy es reverenciado por los estudiantes del mundo clásico. Pero incluso los romanos en sus peores tiempos fueron suaves en comparación con los ancestros de las naciones de Europa occidental durante los años oscuros que siguieron a la caída del Imperio romano y de la Pax Romana. Era costumbre entre sajones y francos esclavizar a todo aquel que se cruzaba en su camino, ya fueran hombres, mujeres o niños, y se deleitaban en la completa destrucción de ciudades y cosechas. Es importante comprender cómo el fenómeno de la «guerra total» de aquellos tiempos fue modificándose, y humanizándose, de forma gradual. Es una historia con altibajos, pero con más altos que bajos.

La primera influencia para resucitar cierto humanismo fue la que ejerció la religión cristiana. Incluso antes de lograr la conversión de los bárbaros de Occidente, este credo triunfó al restringir su salvajismo explotando sus propias supersticiones. Uno de sus más notables esfuerzos consistió en la doble teoría de la «tregua de Dios». La *pax dei* —'paz de Dios'—, introducida en el siglo x, buscaba asegurar inmunidad para los no combatientes y sus propiedades. Y fue seguida por la *treuga dei* —'tregua de Dios'—, que pretendía limitar el número de días en que se podía combatir, estableciendo precisamente periodos de tregua.

Un refuerzo mayor de estas ideas vino del Código de Caballería, que parece tener su origen en los árabes. Hay que admitir que los seguidores de Mahoma fueron más rápidos que los de Cristo en Occidente a la hora de desarrollar ciertos hábitos humanitarios, a pesar de que el talante severo del profeta tenía más que ver con el del Antiguo Testamento. El contacto con Oriente, en cualquier caso, ayudó a que florecieran los valores de la caballería en Occidente. Y ese código, a pesar de todas sus deficiencias, contribuyó a humanizar el fenómeno bélico mediante su reglamentación.

Los factores económicos también ayudaron. La costumbre de liberar prisioneros a cambio de un rescate dependió más del espíritu comercial que del de la caballería, pero en esencia era algo bueno. Al principio se aplicó solo a los que podían permitirse pagar ese rescate. Pero, como suele ocurrir, la práctica se extendió, y condujo al hábito general de respetar las vidas de los vencidos. Lo que supuso un enorme paso adelante.

Esta creciente costumbre de limitación se vio alentada por la aparición de los mercenarios, es decir, los soldados profesionales. Primero, estos se dieron cuenta de que la moderación en el trato al enemigo era beneficiosa para todos. Después, sus empleadores se apercibieron de que era mejor que ambas partes refrenasen la tendencia al saqueo de las poblaciones civiles.

Desgraciadamente, se produjo un severo retroceso debido a las guerras de religión que siguieron a la Reforma. El fervor religioso estimuló un comportamiento bárbaro. La división en el seno de la Iglesia quebró su autoridad moral, convirtiendo lo que había sido un factor limitativo en un agente de excitación. Ello alimentó las hogueras del odio e inflamó las pasiones. El clímax de este periodo fue la guerra de los Treinta Años, cuando más de la mitad de la población de los estados germanos pereció, directa o indirectamente, a causa de la contienda. Aun así, el salvajismo de esta forma de combate no llegó a los extremos de las épocas oscuras. Porque el exceso de violencia produjo un sentimiento generalizado de repulsa, lo que, en su momento, condujo a nuevos y grandes avances. Y es que llevar al extremo la guerra puede parecer lógico, pero no es desde luego razonable.

Otra influencia importante fue el desarrollo de formas más educadas en la vida social. Este hábito de cortesía se extendió al campo de las relaciones internacionales. Y estos dos factores, la razón y las buenas maneras, salvaron a la civilización cuando estuvo al borde del colapso. Los seres humanos llegaron a la conclusión de que el comportamiento cortés importaba más que las creencias, y las costumbres más que los credos, para lograr una vida tolerable y mejores relaciones entre los individuos.

La mejora conseguida durante el siglo XVIII en los hábitos bélicos y en la reducción de sus estragos conformó uno de los más grandes avances de la civilización. Ello abrió la posibilidad a que la progresiva limitación de la guerra mediante su formalización condujera a erradicarla. El avance se vio ayudado por la ausencia de cambios radicales en la forma de combatir durante este periodo. Porque la experiencia demuestra que cualquier incremento en la barbarie de la guerra favorece nuevos desarrollos, técnicos o políticos, que tienden a perturbar el equilibrio alcanzado.

El efecto pernicioso provocado por un gran cambio político se vio al finalizar el siglo XVIII, cuando los códigos para limitar la violencia quedaron rotos por la Revolución francesa. A pesar de ello, incluso en sus peores momentos las guerras revolucionarias nunca fueron tan terribles como las guerras de religión del siglo XVII. Y una cierta restauración del equilibrio fue propiciada por la moderación en las condiciones de paz impuestas a Francia tras la caída de Napoleón, gracias principalmente a una Inglaterra representada por Wellington y Castlereagh. La mejor prueba de ello es que transcurrió más de medio siglo antes de que estallara una nueva guerra de consideración en Europa.

El siglo XIX contempló, en su conjunto, una continuación de la tendencia a la moderación de la guerra por razones humanitarias. Todo ello quedó registrado en las convenciones de Ginebra de 1864 y 1906, centradas principalmente en el trato a los heridos, y en las de La Haya de 1899 y 1907, que cubrían un espectro más amplio. Pero las guerras civiles tienden a los peores excesos, y el siglo xix vivió muchos conflictos de esta naturaleza.

La guerra civil americana fue la primera en la que el ferrocarril, los buques de vapor y la telegrafía se revelaron no solo como instrumentos importantes, sino como nuevos medios que habrían de tener grandes consecuencias sobre la estrategia. Otro cambio relevante se debió al crecimiento de la población y la tendencia al centralismo, ambos producto de una creciente industrialización. El efecto combinado de esos dos aspectos fue una creciente importancia del factor económico, pero también del moral, al convertirse la población civil en objetivo vulnerable. Así, aumentó el incentivo para golpear directamente a las mismas fuentes del poder bélico del oponente —su población y los centros políticos—, en lugar de atacar directamente a su escudo, las fuerzas armadas.

Esta guerra fue la primera entre democracias modernas, y Sherman vio con claridad que la fuerza de resistencia de una nación reside más en la fortaleza de su pueblo que en la de su ejército. Por ello, su forma de guerrear se orientó contra la población enemiga como factor primordial de la gran estrategia. Su marcha sin restricciones contra el corazón del Sur, destruyendo todos sus recursos, fue la manera más efectiva para crear e infundir un espíritu de derrota en el contrario que eliminó por completo su voluntad de luchar.

No cabe duda de que el reguero de destrucción producido en la retaguardia rival por la marcha de Sherman ha obrado en contra de su reputación histórica. Pero es incuestionable que la amargura y el empobrecimiento del Sur se habrían prolongado o agravado si las condiciones de paz no hubiesen logrado dominar las ansias de revancha de los extremistas del Norte tras el asesinato de Lincoln. El mismo Sherman tuvo en cuenta la necesidad de moderarse llegado el momento de hacer la paz. Esto quedó demostrado en los generosos términos de rendición que ofreció al Ejército de Johnston, una propuesta por la que fue severamente criticado y denunciado ante el Gobierno de Washington. Hubo más: el general recalcó insistentemente la importancia que para el futuro de la nación forzosamente reunificada tras la guerra tenía reconciliarse con el vencido por medio de un buen trato y ayudándole en su recuperación.

Pero el progreso para limitar la guerra se vio posteriormente amenazado por tres factores. Uno era el de la supervivencia de la conscripción o servicio militar obligatorio. Otro fue el desarrollo de una nueva teoría sobre la guerra que abrazaba los elementos más peligrosos de las guerras napoleónicas. Esta teoría fue desarrollada en Prusia por Clausewitz, quien, llevando la lógica al límite, argüía que la moderación no tenía lugar en los conflictos: «La guerra es un acto de violencia llevado al extremo». Pero a medida que su pensamiento progresaba, el propio tratadista se dio cuenta de la falacia implícita en tal lógica. Desafortunadamente murió antes de que pudiera revisar sus escritos, y sus discípulos recordarían solo su extremista punto de partida. Un factor mucho más peligroso fue el desarrollo tecnológico de nuevas y más terroríficas armas de guerra.

Bajo el efecto combinado de estos tres factores, la guerra de 1914-1918 comenzó mal... y fue de mal en peor.

Sus desastrosos efectos se vieron agravados como resultado de la naturaleza de los acuerdos de paz. Cualquier pueblo cuyo espíritu no hubiera sido completamente aniquilado se habría revuelto para eludir los términos tan asfixiantes y humillantes que se le impusieron al alemán. Las consecuencias fueron incluso peores por el estado de agotamiento y caos en que Europa se encontraba al acabar la contienda y por la degradación moral generalizada que produjeron los cuatro años de violencia inusitada que duró el conflicto. El primer efecto se vio antes de que comenzara la Segunda Guerra Mundial, con la predisposición de los pueblos a someterse a un completo proceso de organización y de servicio al Estado. Y el segundo, cuando, ya durante la contienda, el tratamiento a las poblaciones conquistadas fue drástico y, a menudo, atroz.

En el ámbito militar, sin embargo, el nivel medio de comportamiento fue mejor en muchos aspectos que el desplegado durante la Primera Guerra Mundial. E incluso en sus peores momentos, nunca se volvió a los niveles previos al siglo XVIII. En general, los ejércitos observaron muchas de las cláusulas contenidas en las convenciones de guerra. En efecto, las atrocidades en el campo de batalla parecen haber sido menores que las cometidas durante el conflicto de 1914. Desafortunadamente, tal avance se vio eclipsado por el desarrollo de nuevas armas para las que no se había pensado a tiempo ninguna fórmula de limitación o código de aplicación. Como resultado del inmenso crecimiento del poder aéreo, se llevaron a efecto bombardeos de poblaciones civiles sin ningún tipo de restricción. Esto extendió la devastación y, en muchas áreas, originó una degradación de las condiciones de vida como no se veía desde la guerra de los Treinta Años. De hecho, en términos de destrucción de ciudades, el registro de la Segunda Guerra Mundial excede cualquier magnitud desde las campañas de Gengis Kan y Tamerlán.

La «guerra total», tal y como la hemos conocido hasta ahora, es incompatible con la era nuclear. Porque la guerra total significa que los objetivos, el esfuerzo bélico y el grado de violencia son ilimitados. Y una guerra ilimitada en los tiempos del poder atómico sería peor que un sinsentido; sería una destrucción mutua asegurada. La forma más común de los conflictos en las próximas generaciones será lo que yo denomino «guerra subversiva» o cualquier otra de carácter «limitado».

El problema del desarme

El «desarme» fue uno de los últimos factores en unirse a la carrera, a paso de tortuga, para resolver el problema de la seguridad internacional después de la Primera Guerra Mundial. Tras unos prolongados debates preliminares, la Conferencia para el Desarme Internacional finalmente se reunió en Ginebra en 1932. Tan solo unos meses antes Japón había comenzado sus largas campañas de agresión en Asia. En el segundo año tras el fin de la Segunda Guerra Mundial, asistimos a un renacer del proyecto. El desarme llegó súbitamente al foro de las Naciones Unidas, si bien nunca se mencionó en la agenda cuando la Asamblea General se reunió en Nueva York en el otoño de 1946.

El renacer vino de una forma indirecta y surgió de una propuesta soviética para realizar un censo de las tropas que cada potencia mantenía en el extranjero. Aunque al principio solo provocó problemas, el hecho es que condujo a una resolución inesperada tendente a lograr una reducción general de armamentos. Y después, sorprendentemente, a la aceptación de inspecciones internacionales, que antes se habían considerado una vulneración del principio de soberanía nacional. Una implementación parcial de esta propuesta fue el acuerdo entre Kennedy y Kruschev conocido como Test Ban Treaty, el tratado para la prohibición de los ensayos nucleares.

La experiencia demuestra que un defecto básico, aunque no el más evidente, en cualquier esquema de seguridad internacional o de desarme ha sido la dificultad de conciliar las opiniones de los expertos, pues las conferencias se han visto repetidamente afectadas por tiras y aflojas técnicos hasta que la perspectiva de acuerdo se desvanecía y el temperamento político cedía. Ello no resulta sorprendente.

Tomar la opinión de generales, almirantes o mariscales del Aire sobre los problemas más profundos de la guerra más allá de su juicio profesional es como consultar a un farmacéutico sobre el tratamiento de una enfermedad crónica. Por muy ducho que sea en la composición de medicamentos, su ocupación no es estudiar las causas y consecuencias de la enfermedad, mucho menos tratar la psicología del paciente.

Mientras que la experiencia actual ha demostrado la inseguridad de las conferencias internacionales para la prevención de la guerra, otras experiencias anteriores sí nos muestran que es posible desarrollar una especie de costumbre universal para la observancia de las limitaciones en los conflictos, basada en que las partes comprendan que la restricción mutua es beneficiosa para los propios intereses de cada una de ellas a largo plazo. Cuanto más se «formalice» la guerra, menos dañina se muestra. Los esfuerzos pretéritos en esta dirección han tenido más éxito de lo que se suele reconocer.

La guerra entre Estados independientes que no reconocen ninguna instancia de soberanía superior guarda cierto parecido con el combate entre dos individuos. En el proceso para restringir las luchas a muerte, el llamado «duelo judicial» de la Edad Media —básicamente un duelo singular entre dos caballeros— cumplió su papel hasta que la autoridad del Estado se impuso con suficiente firmeza como para hacer respetar los auténticos juicios legales. Aun así, las normas del duelo judicial se siguieron respetando hasta tiempo después de su abolición formal. La validez de tales reglas llevó a decir a Montesquieu en *El espíritu de las leyes* que, así como muchas cosas sabias son llevadas a efecto de una manera alocada, muchas locuras han sido conducidas de manera sabia.

Cuando la autoridad de la Iglesia y del Estado se vio sacudida por los conflictos destructivos de la Baja Edad Media, el combate individual revivió nuevamente en forma de duelo. Pero en la Italia del siglo XVI los riesgos del duelo fueron mitigándose hasta casi desaparecer, gracias a una reglamentación excesiva que lo hacía inviable. En otros lugares, como en Francia, los duelos tuvieron más recorrido, pero también se puede observar que su creciente formalización fue un factor importante para que, gracias a los esfuerzos de la ley, la razón y los sentimientos humanos, terminaran desapareciendo. Pero incluso en el peor de los casos, la costumbre del duelo proporcionó una salida regulada a los instintos violentos que evitó un renacimiento más desenfrenado de los asesinatos individuales.

De forma similar, las guerras entre las ciudades-estado italianas del periodo renacentista, y las más grandes ocurridas entre naciones-estado en toda Europa en el xviii, son testigo de la inclinación humana a la lucha, pero también de que es posible su regulación. Supusieron un escape para las tendencias agresivas y también para aquellos hombres que, combativos por naturaleza, supieron mantener la violencia dentro de ciertos límites en beneficio de la civilización. Puede que tal tipo de guerra restringida haya respondido más a una necesidad de lo que los idealistas estarían dispuestos a reconocer, pero lo cierto es que limitando el mal se logró un propósito mejor que el que generalmente ha sido aceptado.

El problema de la guerra irregular

Las perspectivas de desarme o de establecimiento de restricciones formales a la guerra se han visto cada vez más complicadas por el desarrollo de la guerra irregular en sus diferentes manifestaciones a lo largo y ancho del mundo: la guerra de guerrillas, la «subversión» y la «resistencia».

Durante el siglo xx, la guerra de guerrillas cobró más relevancia que nunca. Solo en ese siglo se hizo acreedora de atención en las teorías militares occidentales, aunque es verdad que en épocas anteriores ya era frecuente que se produjesen acciones armadas a cargo de fuerzas irregulares. En su monumental obra *De la guerra*, Clausewitz dedicó un breve capítulo al asunto, casi al final de los treinta que componen el libro VI, que analiza los diversos aspectos de la «defensa». Al tratar la opción de «armar al pueblo» como una medida defensiva contra un invasor, formuló las condiciones básicas para alcanzar el triunfo de esta manera y sus limitaciones, pero no abordó los problemas políticos que lleva aparejados. Tampoco hizo referencia alguna al ejemplo de «guerra de guerrillas» que más descolló en los conflictos bélicos de su época y que no fue otro que el de la resistencia popular española frente a los ejércitos de Napoleón, precisamente el que propició la entrada de este término en el vocabulario militar.

Un siglo más tarde, el mismo tema fue objeto de un tratamiento más profundo y extenso en la monumental obra de T. E. Lawrence, *Los siete pilares de la sabiduría*. Se trataba de una formulación magistral de la teoría de la guerra de guerrillas centrada en su valía como instrumento ofensivo, y era producto de combinar las reflexiones y las experiencias vividas por su autor durante la Revuelta árabe contra los turcos, vista como lucha por la independencia y también como parte de la campaña de los Aliados contra el Imperio otomano. Esa campaña periférica desarrollada en Oriente Próximo fue el único escenario de la Primera Guerra Mundial donde las acciones guerrilleras influyeron con un peso notable. En los teatros bélicos europeos no representaron ningún papel significativo.

Sin embargo, durante la Segunda Guerra Mundial, la guerra de guerrillas se generalizó hasta convertirse en un fenómeno casi universal. Surgió y se desarrolló en todos los países europeos ocupados por Alemania y en la mayoría de los territorios de Extremo Oriente bajo ocupación japonesa. El origen de esa implantación se puede rastrear constatando la honda impresión que Lawrence de Arabia había causado, especialmente en la mente de Churchill. Después de que los alemanes invadiesen Francia en 1940 y dejasen aislada a Gran Bretaña, la política bélica de Churchill incorporó la explotación de la guerra de guerrillas como arma y en su modalidad de Resistencia. Los éxitos cosechados fueron dispares. El escenario donde cuajó con más fuerza el movimiento guerrillero fue Yugoslavia, a cargo de los partisanos comunistas bajo el liderazgo de Tito. Desde la década de 1920, en Extremo Oriente ya se había librado un conflicto guerrillero más prolongado y amplio por parte de los comunistas chinos. Entre sus líderes figuraba Mao Zedong, quien desempeñó un papel cada vez más dominante.

Desde entonces, en ciertas áreas del Sudeste asiático se ha puesto a prueba la combinación de acciones guerrilleras y de subversión con éxitos cada vez mayores. También se ha emulado el ejemplo en otras regiones del mundo. En África, empezando por Argelia; al otro lado del Atlántico, en Cuba, y de nuevo en Oriente Próximo en los conflictos árabe-israelíes. Todo parece indicar que las campañas de este cariz continuarán, ya que encajan con las condiciones de la era moderna y, al mismo tiempo, son apropiadas para aprovechar las ventajas que ofrecen el malestar social, la agitación racial y el fervor nacionalista.

Dos de los más influyentes y significativos tratados contemporáneos sobre la materia son la premonitoria epístola de Mao Zedong fechada en 1937 y conocida como *Yu Chi Chan* ('La guerra de guerrillas') y el manual del Che Guevara de 1960, una síntesis sobre los métodos aplicados con éxito durante la experiencia de la Revolución cubana liderada por Fidel Castro.

Volviendo al término «resistencia», no cabe duda de que las fuerzas combativas que constituyeron este fenómeno ejercieron una tensión considerable sobre los alemanes durante la Segunda Guerra Mundial. Pero cuando estas acciones de retaguardia son analizadas detenidamente, se observa que las operaciones de resistencia más eficaces fueron las que se combinaron con grandes intervenciones de un ejército regular presionando contra el frente enemigo y obligándole a comprometer sus reservas. Sus incursiones rara vez constituyeron más que una molestia, a no ser que coincidieran con la amenaza inminente de una poderosa ofensiva que iba a absorber todos los esfuerzos y la atención del enemigo.

En otros casos fueron menos eficaces que la resistencia pasiva generalizada y, además, conllevaron más miseria para los habitantes del propio país. Provocaron represalias mucho más crueles que los daños que infligieron al oponente. Así, dieron a las tropas de ocupación la excusa para incurrir en la violencia, lo que siempre supone un alivio para los nervios de las guarniciones estacionadas en naciones que las miran con hostilidad. Los daños materiales que los grupos guerrilleros causaron directamente, y también indirectamente en el transcurso de las represalias, fueron germen de grandes padecimientos para sus compatriotas y, en última instancia, se revelaron como inconvenientes para recuperarse después de la liberación. Pero el mayor obstáculo de todos, y también el más duradero, fue de naturaleza moral.

La violencia tiene raíces mucho más profundas en los conflictos bélicos irregulares que en las guerras convencionales. En estas últimas, se contrarresta por medio de la obediencia debida a una autoridad constituida, mientras que, en los primeros, retar a la autoridad e infringir las normas constituyen virtudes. Y resulta muy laborioso reconstruir un país y reestructurar un Estado estable cuando sus cimientos han sido socavados por una experiencia de este cariz.

Mientras reflexionaba sobre las campañas de Lawrence en Arabia y revisitaba nuestra discusión acerca del tema, caí en la cuenta de las peligrosas repercusiones que comporta la guerra de guerrillas. Durante la última guerra, numerosos líderes de comandos, unidades especiales y movimientos de resistencia tuvieron como guía el libro que dediqué a esas campañas, una exposición de la teoría de la guerra de guerrillas. Pero yo ya empezaba a tener mis dudas. No tanto por su eficacia inmediata, sino debido a los efectos a largo plazo. No en vano, Gran Bretaña sufriría sus estragos en la misma región donde Lawrence había propagado la Revuelta árabe.

Las dudas se intensificaron al reexaminar la historia militar de la guerra de la Independencia española, ocurrida un siglo antes, y al meditar sobre el posterior devenir de España. En aquel conflicto, la derrota sufrida por el ejército regular español frente a Napoleón fue contrarrestada por el éxito de las partidas de guerrilleros que ocuparon su lugar. Si contemplamos la guerra como un levantamiento popular contra un conquistador extranjero, fue uno de los más eficientes que se conocen. Contribuyó mucho más que las victorias de Wellington a impedir el control efectivo de Napoleón sobre España y a socavar su poder. Pero no trajo como resultado la paz a la España liberada, ya que a la guerra siguió una epidemia de revoluciones armadas concatenadas, que se extendieron durante todo el siglo XIX y volvieron a estallar en el XX en forma de cruentas guerras civiles.

No es demasiado tarde para aprender de la experiencia de la historia. Por tentadora que pueda parecer la idea de responder a las «guerras irregulares» que plantean los enemigos con contraofensivas del mismo género, sería más aconsejable concebir y perseguir una estrategia más sutil, discreta y astuta, en definitiva, de más amplias miras.

El problema del orden mundial

La solución obvia para la prevención de la guerra sería una «federación» mundial en la que todas las naciones consintiesen una cesión absoluta de soberanía. Y cuya pretensión real fuera ser juez de su propia política en todos los ámbitos y en la resolución de cualquier desacuerdo que afectara a sus intereses.

Pero, por lamentable que pueda parecer al idealista, la experiencia histórica no ofrece garantías para sostener la creencia de que la vivencia real del progreso, y de la libertad que lo hace posible, radique en la unificación. Porque donde esta ha sido capaz de establecer unidad de ideas, ello ha conducido por regla general a la uniformidad, paralizando el crecimiento de nuevas ideas. Y donde la unificación simplemente ha sido artificial o impuesta, las interferencias han llevado a la discordia y, finalmente, a la disolución.

La vitalidad surge de la diversidad, lo que ayuda al progreso real siempre y cuando exista una tolerancia mutua sustentada en el reconocimiento de que puede ser peor cualquier intento de suprimir las diferencias que su aceptación. Por esta razón, el tipo de paz que hace posible el progreso está mejor asegurado por los controles mutuos basados en un equilibrio de fuerzas internacional. En este ámbito internacional, el «equilibrio de poder» fue una teoría sólida siempre y cuando se preservó ese equilibrio. Pero la frecuencia con la que el «equilibrio de poder» o lo que hoy se conoce como «equilibrio del terror» se ha desequilibrado, precipitando así la guerra, ha derivado en la creciente necesidad de encontrar una solución más estable, ya sea por fusión o federación.

La federación es el método más esperanzador, ya que encarna el principio vivificante de la cooperación, mientras que la unificación representa el principio del monopolio. Y cualquier monopolio de poder refrenda la verdad expresada en el famoso dicho de lord Acton: «Todo poder corrompe, y el poder absoluto corrompe absolutamente». Pero ni siquiera una federación es inmune a este peligros, por lo que se debe poner el mayor cuidado para garantizar los controles mutuos y los factores de equilibrio necesarios que corrijan la natural tendencia a la unificación.

La federación o fórmulas similares se han probado como sistemas eficaces para preservar la paz entre diferentes nacionalidades que se han ido agrupando sucesivamente. Donde ha sido adoptada, ha superado las pruebas de las crisis. Aunque los Estados Unidos sean el ejemplo más citado de este éxito evidente, la Confederación Suiza es, en muchos aspectos, un modelo más significativo. No obstante, parece tristemente claro que la idea de una federación mundial no tiene ninguna oportunidad práctica de ser aceptada, al menos en un futuro cercano.

El problema de la fe

Como historiador de nuestros tiempos, he tenido pocas oportunidades para observar cómo nacen las leyendas en torno a figuras vivas y cómo los actos y las palabras de cualquier líder o profeta cristalizan en historias sin ningún fundamento. Cuanto más grande sea la devoción personal que inspiren, más profundo será su impacto. Si este proceso ocurre todavía hoy, cuando existen muchos métodos para la verificación de los hechos, qué decir de épocas pasadas en las que el sentido historicista no estaba tan desarrollado y apenas había controles.

Por otra parte, como estudioso de la historia antigua, estoy muy advertido de la falta de fidelidad a los hechos que en aquellos tiempos tenían incluso los propios escritores de historia. La mayoría de ellos estaba más preocupada por acuñar una lección magistral. Si la escrupulosidad hacia la fidelidad histórica dejaba mucho que desear, qué decir de los maestros en materia de religiones. Los Evangelios, por ejemplo, fueron recopilados como guía para la predicación y fundamento del culto, no para servir a la historia. Esta es una diferencia de propósitos que no puede ser pasada por alto.

Los manuscritos evangélicos más antiguos conservados son copias de copias, con unas diferencias temporales entre ellos tan grandes que los copistas bien podían alterar el texto original para adaptarlo a las creencias religiosas de sus contemporáneos. Los investigadores bíblicos tienen que basarse en algo tan poco definitivo como la tradición para fechar la redacción de los Evangelios más antiguos en la segunda mitad del siglo I de nuestra era. Si sus estimaciones son correctas, lo que no deja de ser una especulación, y las primeras copias conservadas datan del siglo IV, ello supone que hubo muchas posibilidades para modificar los textos originales, máxime en un periodo de controversia y de cismas en el seno de la Iglesia primitiva.

Incluso en la más generosa de las estimaciones, transcurrió una generación entera durante la cual pervivieron las memorias de los discípulos transmitidas por tradición oral, tiempo más que suficiente para edulcorar y alterar los hechos tanto por razones emocionales como por las circunstancias. No hay que olvidar que los discípulos fueron predicando su fe en medio de dudas y críticas. Habría resultado extraordinariamente excepcional que no hubieran tendido a «mejorar» los dichos y actos del Maestro con el fin de hacer frente a la oposición y acrecer conversiones.

La doctrina cristiana estuvo en evolución y, consecuentemente, sus libros se vieron afectados. Puedo entender, aun considerándolo ciertamente irrazonable, que los seres humanos persistan en la creencia en los mismos mitos y dogmáticos convencionalismos que se desarrollaron en unos tiempos tan dados a las supersticiones como los del Levante romano de hace dos mil años. Del mismo modo, puedo concebir que ese credo fuera impuesto por razones políticas gracias a un par de emperadores romanos, más preocupados por adquirir la mejor «poción mágica» en ayuda de sus propias ansias de poder.

He podido comprobar en mis relaciones con personas de carácter fundamentalmente bueno que, si son cristianos devotos u ortodoxos, uno no puede confiar tanto en su palabra como en el caso de que no lo fueran. La buena persona que es a la vez muy devota se muestra más dispuesta a subordinar la verdad a lo que considera correcto. Esto no es sorprendente, pues a cualquiera que tuviera pasión por la verdad le resultaría difícil reconocer como hecho histórico muchas creencias basadas en la fe. Así, su ferviente creencia parece hacerlo insensible hasta el punto de convertirlo en un crédulo. Muchos investigadores cristianos admitirán la imposibilidad de arrojar luz sobre el Jesús histórico, para pasar inmediatamente después a considerar ciertos pasajes narrativos de los Evangelios como hechos realmente ciertos. Tal capacidad solo demuestra insensibilidad ante las diferentes caras de la verdad.

La Iglesia se ha creado, y continúa creándose, a sí misma innecesarios e inacabables debates por el excesivo énfasis que concede a la verdad histórica del cristianismo. Si se limitara a presentar la historia cristiana como una verdad espiritual revelada, estas dificultades desaparecerían. Porque así podría dar sentido a la cuestión de dicha revelación y de su evolución, enseñando a la humanidad a mirar hacia el futuro antes que al pasado, como quizá ha hecho con demasiada frecuencia.

El Antiguo Testamento es interesante y valorable en tanto en cuanto sea considerado como un estudio de la evolución de las ideas religiosas. Pero si se presenta como sustento de la religión tal y como se hace en la predicación, si se sigue al pie de la letra, puede resultar devastador e incluso bárbaro. La propia representación de Dios en el Nuevo Testamento a menudo deja mucho que desear.

Las arenas de la historia conforman una base incierta sobre la cual levantar un credo compuesto de declaraciones fácticas. Podemos basar conclusiones generales en estas arenas, pero si fijamos nuestra fe en los detalles, es probable que sean arrastradas por el mar del conocimiento, y la fe puede entonces desmoronarse. Si confiamos en la amplia verdad de la experiencia, nos volvemos más conscientes y capaces de captar lo más importante, que es el espíritu de las creencias. Y ese es el aliento de vida.

Voy a decir de manera muy simple cómo llegué a encontrar evidencias de Dios que eran compatibles con la razón. La permanente persistencia de dioses a lo largo y ancho del mundo, unos dioses que nunca han desaparecido, posee obvias ventajas en un entorno pleno de males y egoísmo. Para los criterios humanos, no tiene sentido el autosacrificio ni ayudar a otros a costa de uno. Sin embargo, tal prueba de generosidad se ha manifestado en numerosas ocasiones. ¿Podría ser explicado este fenómeno si no fuera por la presencia de fuentes superiores de inspiración?

Las mejores personas son conscientes de no ser más que una ventana a través de la cual penetra una luz que no les es propia, sino que es un reflejo espiritual. O, por decirlo de otra manera, ellas son meras receptoras de una radio espiritual, cuya receptividad pueden mejorar pero siendo muy conscientes de que la fuente de emisión es exterior, más allá de la propia comprensión.

Esta sería solo una manera moderna de expresar la verdad más allá del entendimiento humano que los compiladores de los Evangelios trataron de explicar mediante la llegada de un Espíritu Santo en forma de paloma. Si las representaciones humanas de Dios varían con el tiempo, su inspiración es constante. Así, las ideas sobre Dios y las formas de creencia cambian y difieren de manera natural, siempre buscando hacerse más comprensibles para una mente humana inherentemente limitada. Con la fe podemos sentir a Dios con menos dificultad porque no formulamos nada, como estamos obligados a hacer al realizar la actividad de pensar. Y gracias a ella, el espíritu de Dios puede tocar el nuestro de un modo más directo para que obtengamos de él un aliento más puro.

Creo que se nos ha concedido una mente para pensar y razonar, también para buscar la verdad que subyace a los mitos y a las convenciones. Me gusta pensar que la inspiración proviene de un dios personal, en el sentido más profundo de la expresión, y también que la inversión realizada en crear tan suprema forma de personalidad es más razonable que un materialismo puro y ciego. Y esa mente que se nos ha concedido para pensar no puede emplearse de mejor forma que en el pensamiento religioso. Pero debemos reconocer humildemente que existen muchos y muy diferentes caminos, y sentir simpatía hacia los demás compañeros de viaje. Las dificultades que aparecen en la doctrina religiosa, pero también en la historia, suelen conducir a las personas reflexivas hacia un estado de no creencia. Pero en mi propia experiencia yo he podido comprobar que esas dificultades tienden a desaparecer si uno recuerda que tal doctrina e historia fue compilada por seres humanos, humanamente dados a cometer errores.

Una vez que se llega a esta conclusión, no importa que la ciencia y la historia muestren que muchas de sus afirmaciones no son verdaderamente factuales. Su cualidad vital reside en la verdad espiritual, no en los hechos materiales. Dudas como estas carecen de importancia cuando uno considera la Biblia no como un documento histórico sino como una divina parábola a gran escala. La Iglesia expresa su temor de que la fe no sobreviviría si se demostrara que el libro del Génesis es incorrecto desde un punto de vista histórico. Pero precisamente su resistencia a admitir esta posibilidad contribuye a que la fe se tambalee. Sus temores son tan excesivos como ridículos sus argumentos. Lo mismo ocurre con la supuesta verdad histórica de los hechos del Nuevo Testamento.

Si profesamos fe en el Espíritu Santo, esta debería bastar para comprender que todos estos textos son una guía de la evolución de las ideas religiosas. Cuanto más he avanzado en el estudio y el pensamiento, más me ha impresionado la convergencia, diferente de la coincidencia, de ideales que todos los grandes pensadores religiosos y filosóficos tienen en los niveles superiores. Para decirlo de otra manera, me parece que el desarrollo espiritual de la humanidad en su conjunto es como una pirámide, o como la cima de una montaña, donde todos los ángulos de ascenso tienden a converger cuanto más alto suben.

Por un lado, esta tendencia convergente, y el notable grado de acuerdo que se encuentra en los niveles superiores, me parece el argumento más fuerte de la experiencia de que la moralidad es absoluta y no meramente relativa, y que la fe religiosa no es una ilusión. Por otro lado, me parece la seguridad más alentadora para un mayor progreso, si aquellos que buscan la verdad espiritual pueden ser llevados a reconocer su comunidad esencial de espíritu, y aprender a aprovechar al máximo los puntos en los que están de acuerdo, en lugar de enfatizar persistentemente sus diferencias y subrayar su exclusividad.

La dificultad de alcanzar un estado de comunidad espiritual universal es obvia, pero el peligro para la civilización es inminente. El tiempo es demasiado escaso. Podría ser poco realista depositar cualquier esperanza en advertir de un desastre para la humanidad con el fin de lograr un renacimiento de la religión. Debemos recordar, también, que la religión ha sido un intenso aliento espiritual para los menos. Pero para los más, ha sido muy importante como fuerza moldeadora del pensamiento y el comportamiento. Un cambio parcial precisamente en el pensamiento y el comportamiento podría significar menos una transformación espiritual que una forma de ganar espacio para que las gentes encuentren el equilibrio y las religiones, un suelo más firme.

La historia justifica estas moderadas esperanzas. Dos veces nuestra civilización occidental ha sido rescatada por el renacer de un código basado en valores morales. El culto a la caballería hizo tanto como los esfuerzos de la Iglesia por sacar a Europa de los tiempos oscuros. La segunda vez fue tras las catastróficas guerras del siglo XVII, debidas precisamente a la partición en el seno de la Iglesia. Un sentimiento de fatalismo creció y propició hábitos para la restricción en la guerra.

La misma verdad ocurrió y fue aplicada de forma más sistemática al otro lado del mundo desde el siglo vi a. C., cuando Confucio y sus seguidores salvaron la civilización china y proporcionaron una nueva perspectiva para la vida predicando un evangelio de buenas maneras. En Occidente deberíamos aprender mucho de la sabiduría confucionista enfatizando, y cultivando, los buenos hábitos tanto como los buenos corazones. El confucianismo percibió la estrecha y recíproca relación entre las buenas maneras y la moral decente. Las maneras pueden entenderse solo como un mero adorno en términos políticos. Pero esta es una visión superficial. La cortesía nace del control interno. Darse cuenta de su importancia sería necesario en el mundo actual, y su resurgimiento podría ayudar en la tarea de salvar la civilización. Porque solo las maneras educadas, en la más profunda acepción de la expresión, podrían controlar los riesgos que nacen de los temperamentos políticos.

En su énfasis para cambiar los corazones, el cristianismo puede estar subestimando el valor de cambiar los hábitos. Con los corazones es más fácil conseguir un cambio temporal que con los hábitos, pero una transformación profunda y permanente resulta mucho más difícil. Al exigir un cambio tan drástico, el cristianismo ha demandado más de lo que la masa de sus fieles era capaz de conseguir, como demuestra la historia. Un mero impulso emocional ha sido tomado como una auténtica transformación espiritual. Mientras se mantuviera la fe, la Iglesia se contentaba con pequeñas obras, de forma que lo posible era sacrificado en aras de lo ideal.

El confucianismo fue humanamente más sabio. Reconoció y aplicó mejor que el cristianismo la verdad de la experiencia resumida por Aristóteles en la observación de que «el ser humano adquiere una cualidad determinada gracias a actuar constantemente de una determinada forma». Pero al mismo tiempo, para los propios chinos el confucianismo no fue suficiente. De ahí la aparición del budismo y del taoísmo, que mostraron un elemento más espiritual de lo que la humanidad quería o necesitaba.

Occidente ha tendido a enfatizar la virtud en positivo, como reza la Biblia parafraseando a los griegos: «Todas las cosas que queráis que los hombres hagan con vosotros, así también haced vosotros con ellos». Oriente ha enfatizado la virtud en negativo: «No hagas con los otros lo que no te gustaría que otros hicieran contigo». Pero ambas visiones son esenciales y complementarias. Porque el mundo necesita un mejor equilibrio para aplicar la «regla de oro» que todas las religiones tienen en común. Todos los credos pueden contribuir en el trabajo de los propósitos de Dios.

Conclusiones

Qué extraño parece hoy día el estado de optimismo acerca del progreso humano que prevaleció en el siglo xix. Un estado que alcanzó su cénit cuando, durante la Exposición Universal de Londres de 1851, se inauguró el Palacio de Cristal, algo que fue aclamado como la llegada de una era dorada de paz y prosperidad asegurada por los progresos científicos y técnicos. Todo ello no era injustificado, pues las condiciones materiales para su logro se habían desarrollado más allá de las mejores expectativas, aunque las nuevas generaciones dotadas de tales potencialidades se vieran luego abocadas a desviarlas en gran medida hacia los cauces de la destrucción. Las causas y las consecuencias bien pudieran ser resumidas en el viejo dicho de que «la gente que vive en casas de cristal no debería arrojar piedras».

¿Puede la gente aprender esta lección antes de que sus perspectivas de prosperidad salten en mil pedazos sin posible reparación, como consecuencia de una orgía de mutua devastación? La mejor oportunidad para evitarlo puede descansar en un mejor entendimiento de la guerra moderna junto con la asunción de responsabilidades colectivas por la forma en que todo ha quedado fuera de control. Porque los adelantos han superado la capacidad de reflexión.

La ciencia y la tecnología han producido en los últimos cien años una mayor transformación en las condiciones materiales de vida que la que había tenido lugar en los dos mil años anteriores. Pero cuando los seres humanos aplicaron esos adelantos a la guerra, los emplearon de la misma forma imprudente en que sus ancestros manejaron los medios del pasado, y persiguieron las mismas ambiciones sin reparar en los efectos. De hecho, los Gobiernos de las naciones modernas en guerra han dejado de pensar en los efectos de la posguerra, algo que los estadistas anteriores sí fueron capaces de tener en consideración, una consideración que condujo en el siglo XVIII al triunfo de ciertos métodos de regulación y restricción. Los países modernos han retrocedido a extremos primitivos, semejantes a los de las hordas de los bárbaros, al mismo tiempo que llegaban a poseer instrumentos proporcionados por la ciencia capaces de provocar destrucciones masivas a larga distancia.

Los gérmenes de la guerra encuentran un foco de propagación en la conveniente creencia de que «el fin justifica los medios». Cada nueva generación repite este argumento, pero todas las generaciones han tenido sobradas razones para decir que el fin perseguido por sus predecesores nunca quedó justificado en relación a los logros conseguidos. Si hay una lección que debe quedar clara de la historia es que los malos medios deforman el fin o, cuando menos, desvían su curso. Yo sugeriría el corolario de que si nos ocupamos de los medios, el fin se ocupará de sí mismo.

Una ferviente fe en un medio en particular puede estar justificada siempre que su valor guarde cierta relación con otros medios, so pena de errar y desaparecer como contribución útil hacia un determinado fin. Para citar un ejemplo, los militares británicos que tras la Primera Guerra Mundial argüían que el tanque era el factor decisivo vieron ratificada su opinión por las enseñanzas de la Segunda Guerra Mundial, especialmente aquellos que visualizaron el adelanto en combinación con otros factores más que como un valor absoluto. Pero al mismo tiempo, deberían haber sido capaces de advertir cómo un país amante de la paz tenía más que ganar con una abolición universal del carro de combate que con su empleo, como quizá debería ocurrir con otras armas decisivas. Pues toda frustración de las capacidades ofensivas favorece la defensa, lo que a su vez redunda en mejores perspectivas de paz.

La verdad es una escalera en espiral. Lo que parece auténtico en un nivel puede no serlo en el siguiente. Una visión global debería abarcar tanto su extensión en vertical como en horizontal, no solo para contemplar todas las partes en relación unas con otras, sino comprendiendo además todos los planos de la realidad. A medida que se asciende en la espiral, puede verse que la seguridad individual se incrementa con la seguridad de la sociedad, y la seguridad de esta se incrementa cuando está unida a una organización superior, así como cuando decrece el nacionalismo. El avance podría ser mucho mayor si los países cedieran soberanía en favor de un organismo supranacional. Cada paso que la ciencia da para reducir las distancias espaciales y temporales aumenta la necesidad de una integración política y una moralidad común. La llegada de la era atómica hace que este desarrollo sea cada vez más urgente, pero para lograrlo es necesario conseguir avances no solo de la mente, sino también del espíritu.

Solo por detrás de la inutilidad de perseguir fines sin tener en cuenta los medios se encuentra el intento de inducir el progreso mediante la fuerza o la coacción. La historia demuestra con qué frecuencia esta tendencia conduce siempre a una reacción. También aprendemos de ella que el camino más seguro es generar y difundir la idea de progreso, proporcionando luz para guiar a los hombres y no un látigo para conducirlos. La influencia del pensamiento ha sido el factor más importante de la historia, aunque al ser menos evidente que la influencia ejercida por la acción, ha recibido menos atención, incluso por parte de los historiadores. Existe un reconocimiento general de que la capacidad de pensamiento del hombre ha sido responsable de todo el progreso humano, pero todavía no se aprecia de manera adecuada el efecto histórico de las contribuciones del pensamiento en comparación con las de las acciones espectaculares. Visto con sentido de la proporción, la más pequeña ampliación del pensamiento de los hombres es un logro mayor que la construcción de algo grandioso que se desmorona, que la conquista de un reino que se derrumba o que el liderazgo de un movimiento que termina en un rechazo.

En la conquista del espacio mental son los centímetros que se van consolidando los que cuentan. Además, para que una idea se extienda y perdure, su creador depende del desarrollo que los beneficiarios hagan de ella; y depende mucho más de ellos de lo que el iniciador de una determinada acción depende de quienes la van a ejecutar. En la esfera práctica, la subordinación puede servir como sustituto de la cooperación y podría contribuir en gran medida a producir una acción eficaz. Pero el progreso de las ideas, para ser verdadero progreso, depende de la cooperación en un grado mucho más alto, y de un tipo más elevado de cooperación. En esta esfera el líder puede seguir siendo esencial, pero en lugar de fundir a los individuos en una masa informe mediante la supresión de sus personalidades, su guía solo tendrá efecto, un efecto luminoso, en proporción a la elevación de la individualidad y la expansión del pensamiento que consiga. Para la acción colectiva basta con que la masa pueda ser dirigida; pero el auténtico crecimiento colectivo solo es posible mediante la libertad y la ampliación de los horizontes individuales para la reflexión. Lo que cuenta no es el hombre, ni mucho menos la masa, sino los muchos bien predispuestos.

Una vez que es valorada la importancia de cada individuo en el esfuerzo colectivo, la experiencia de la historia cobra un significado personal, no meramente político. ¿Qué puede aprender de la historia una persona como guía para su vida? No qué hacer, sino por qué esforzarse. Y lo que hay que evitar en ese esfuerzo. La importancia y el valor intrínseco de comportarse decentemente. La importancia de ver con claridad, no únicamente de verse a sí mismo con claridad.

Enfrentarse a la vida con los ojos abiertos, ansiosos por ver la verdad, y salir de ello con las manos limpias, comportándose con consideración hacia los demás al tiempo que se logran las condiciones que permiten al individuo obtener lo mejor de sí mismo es la clave de la existencia. Se trata de una ambición, una gran ambición. Pero solo cuando la persona progresa hacia ella, se da cuenta del esfuerzo que supone y de la distancia que hay que recorrer, por más que merezca la pena.

Es extraño que la gente suponga que no se necesita formación para buscar la verdad. Es aún más extraño que esta suposición se manifieste a menudo en las personas que hablan de la dificultad de determinar lo que es verdad. Deberíamos reconocer que para esta búsqueda se requiere al menos tanto entrenamiento como el del boxeador para una pelea o el del corredor para un maratón. Uno tiene que aprender a desprenderse mentalmente de todo deseo e interés, de toda simpatía y antipatía, de ese «tejido» de falsedades que los seres humanos tienden a acumular como protección o zona de confort. Y debe mantenerse en forma para estar más en forma. En otras palabras, debe ser fiel a la luz que ha visto.

Puede que se dé cuenta de que el mundo es una jungla. Pero si ha visto que podría ser mejor para todos si los principios básicos de la decencia y la cortesía se aplicaran de forma general, entonces debe, honestamente, intentar practicarlos de forma coherente y vivir, personalmente, como si fueran principios generales. En otras palabras, debe seguir la luz que ha visto.

Sin embargo, puesto que seguirá la luz a través de una jungla, debe tener muy presente la suprema guía práctica que se le concedió hace dos mil años: «Mirad que os envío como ovejas en medio de lobos. Sed, pues, prudentes como serpientes y sencillos como palomas».